GRAÇA
E DESGRAÇA
DA VIDA RELIGIOSA

"Vocação" e "não vocação"

FREI PATRÍCIO SCIADINI, OCD

Prefácio do **Cardeal João Braz de Aviz**

GRAÇA E DESGRAÇA DA VIDA RELIGIOSA

"Vocação" e "não vocação"

Tradução:
Carmelo de São José – Jundiaí

Edições Loyola

Título original:
Grazie e disgrazie della vita religiosa – "Vocazione" e "non vocazione"
© 2022 Edizioni Cantagalli S.r.l. – Siena
Via Massetana Romana, 12 – Siena – Italia
ISBN 979-12-5962-035-4

Dados Internacionais de Catalogação na Publicação (CIP)
(Câmara Brasileira do Livro, SP, Brasil)

Sciadini, Patrício
   Graça e desgraça da vida religiosa : "vocação" e "não vocação" / Patrício Sciadini ; tradução Carmelo de São José ; prefácio do João Braz de Aviz. -- São Paulo : Edições Loyola, 2023. -- (Vida religiosa)

   Título original: Grazie e disgrazie della vita religiosa : Vocazione e non vocazione
   ISBN 978-65-5504-274-0

   1. Bíblia 2. Vida espiritual - Cristianismo 3. Vida religiosa 4. Vocação religiosa I. Aviz, João Braz de. II. Título. III. Série.

23-157069   CDD-248.89

Índices para catálogo sistemático:
1. Vida religiosa : Cristianismo   248.89

Cibele Maria Dias - Bibliotecária - CRB-8/9427

Capa: Ronaldo Hideo Inoue
   Composição sobre a imagem (editada)
   de © sunil bhosale/EyeEm | Adobe Stock.
Diagramação: Sowai Tam
Revisão: Maria Teresa Sampaio

Edições Loyola Jesuítas
Rua 1822 nº 341 – Ipiranga
04216-000 São Paulo, SP
T 55 11 3385 8500/8501, 2063 4275
editorial@loyola.com.br
vendas@loyola.com.br
www.loyola.com.br

Todos os direitos reservados. Nenhuma parte desta obra pode ser reproduzida ou transmitida por qualquer forma e/ou quaisquer meios (eletrônico ou mecânico, incluindo fotocópia e gravação) ou arquivada em qualquer sistema ou banco de dados sem permissão escrita da Editora.

ISBN 978-65-5504-274-0

© EDIÇÕES LOYOLA, São Paulo, Brasil, 2023

SUMÁRIO

Prefácio 7
Introdução à edição brasileira 11
Papa Francisco – Audiência Geral – Praça de São Pedro – Quarta-feira, 26 de abril de 2023 15
Premissa 19

1. A desgraça de não sermos chamados 21
2. Oração e não oração 23
3. Quem não reza é uma desgraça 25
4. Valorização e desvalorização do próximo 27
5. Acolhimento e recusa 31
6. Falar bem e falar mal 39
7. Correção fraterna e agressividade 45
8. Unidade e desunião 51
9. Silêncio e tagarelice 57
10. Promover e não criticar 65
11. Pobreza e riqueza 69
12. Obediência e desobediência 81
13. Castidade e amor sem amor 87
14. Serviço e poder 95
15. Docilidade e arrogância 101
16. Trabalho e preguiça 109
17. Verdade e mentira 119

18. Bom exemplo e escândalo 131
19. Vida fraterna e individualismo 139
20. Austeridade e consumo 143
21. Meios de comunicação e mundanismo 151
22. Pastoral vocacional e proselitismo 159
23. Alegria e tristeza 167
24. A alegria do último lugar e a desgraça do primeiro lugar 175
25. Servir e ser servido 179
26. Elogiar e não invejar 185
27. Credível pela vida e não pela palavra 191
28. Recomeçando o caminho 195
29. A Covid: desgraça e graça 199

Apêndice

Discurso do Santo Papa Francisco – Visita pastoral a Assis –
  Encontro com os pobres assistidos pela Cáritas 205
Discurso do Santo Papa Francisco – Viagem apostólica ao Egito –
  Encontro de oração com o Clero, Religiosos e Seminaristas 209
Seguir Jesus e não seguir Jesus 213

PREFÁCIO

Card. João Braz de Aviz
*Presidente do Dicastério para os Institutos de Vida Consagrada
e para as Sociedades de Vida Apostólica*

"Eis que hoje estou colocando diante de ti a vida e a felicidade, a morte e a infelicidade" (Dt 30,15). "Eis que vou colocar diante de vós o caminho da vida e o caminho da morte" (Jr 21,8). Estes textos bíblicos que, juntamente com outros, exemplificam a "doutrina das duas vias" vieram-me à mente examinando primeiro o sumário e depois os vários capítulos deste belo livro de frei Patrício Sciadini. Já no título *Graça e desgraça da vida religiosa*. "Vocação" e "não vocação" surge o confronto. Quase todo capítulo tem por título um binômio que descreve, ainda que por oposição, um aspecto relevante da vida dos consagrados: "oração e não oração", "acolhimento e recusa", "unidade e desunião", "silêncio e tagarelice", "serviço e poder", "verdade e mentira". Poderiam ser dispostos em duas colunas como um quadro sinótico: de um lado o que torna a vida consagrada uma "graça", formando homens e mulheres livres e felizes; do outro como arruinar a própria vida e a dos que convivem juntos, precisamente uma "desgraça".

Trata-se de um *vade mecum* de fácil leitura, fruto de tantos anos de experiência da vida fraterna em comunidade, vivida, entre outros, por frei Patrício em diversos contextos culturais. Primeiro na Itália, país de origem e no qual foi formado; depois, por longos anos no Brasil, onde desenvolveu a grande parte de sua missão de religioso carmelita conhecido e apreciado como mestre de vida espiritual, solicitado para conferências (conhecido como "frei Patrício"), e enfim no Egito, onde em pouco tempo e apesar do escasso conhecimento da língua árabe conquistou o reconhecimento de toda a comunidade de vida consagrada, tanto que foi escolhido como Presidente da União dos Superiores Maiores do País (onde o chamam de "Abuna Patrik"). Múltiplas e diversas experiências que o fazem dizer, com um sorriso: "fiz de tudo na minha vida sem saber fazer nada e bem", mas também: "sou um religioso, carmelita e feliz".

O autor se serve de diversos exemplos hauridos da vida real, citando pessoas encontradas ou experiências pessoais; percebe-se que suas afirmações não são fruto de especulações teóricas, mas o "destilado" de longos anos de convento e do contato com uma variegada multidão de homens e mulheres consagrados. Oferece-as com uma linguagem clara, que estigmatiza alguns maus comportamentos facilmente encontrados na vida em comum dos consagrados; porém, jamais com azedume ou suposição, sobretudo com certa bonomia, aquela de um bom pai ou ancião, que sorri sobre os defeitos e que, no entanto, os denuncia. Às vezes severo, afirma: "Não se pode brincar de ser profeta. Nem se pode brincar de ser santo. Nem se pode brincar de vida religiosa". Mas, suave e alegremente, dado que: "noventa por cento da Bíblia é alegria pura, dez por cento é cruz que, com fé, se transforma em alegria".

São também numerosas as referências, além das personagens bíblicas, à vida de santos e santas: padres do deserto, Filipe Neri, Francisco de Assis, Teresa do Menino Jesus, a carmelita filósofa Teresa Benedita da Cruz (Edith Stein) e, sobretudo, a seus dois mestres, Teresa d'Ávila (a quem chama "a minha santa Madre") e João da Cruz, "incompreendido pelos seus confrades carmelitas". Frei Patrício dedica, no livro, numerosas referências à grande Teresa. Parece ter herdado dela o realismo e o equilíbrio com os quais trata os vários aspectos da vida fraterna em comunidade, impregnado de são humorismo (como no capítulo 16 sobre "Trabalho e preguiça"). Referindo-se ela a algumas irmãs do mosteiro que se infligiam excessivas penitências, escrevia: "É verdadeiramente um espetáculo ver algumas sempre desgostosas pelo tormento que se infligem *a si mesmas* [...] *resistindo depois apenas dois dias*". Enfim, outra fonte de ensinamentos e de inspiração para frei Patrício é sua mãe Domenica, descrita assim por ele: "professora de Bíblia, teóloga, psicóloga... analfabeta", sobre a qual comenta muitas vezes anedotas agradáveis.

Facilita a leitura do livro também a relativa brevidade de cada capítulo: ao concluir um, o leitor é atraído logo para o sucessivo. Podemos apreciar, entre outros, o sabor sapiencial de algumas breves "sentenças" que concluem e sintetizam a reflexão desenvolvida. "Glorioso é elogiar e valorizar os outros"; "O religioso pobre é um profeta"; "A missão do arrogante não pode dar bons frutos"; "O religioso, consagrado da verdade, vive a liberdade da verdade"; "Com o diabo e com a mentira não devemos discutir, porque sempre perderemos a batalha"; "Não é uma caneta Montblanc ou um computador de última geração que nos tornam mais sábios e inteligentes"; "O religioso feliz e alegre é uma graça, o religioso triste é uma desgraça. A nós cabe a liberdade de escolher"; "O religioso que serve se cansa na alegria que não cansa, o religioso que não serve se cansa na tristeza"; "Grande alegria é ser estimulado pelo elogio sincero do irmão".

Sugiro a leitura deste livro, fresco e espontâneo, pleno de vitalidade espiritual como também de humanidade, aos jovens que estão se aproximando da vida consagrada, para ajudá-los a discernir o que é vocação e "não vocação" e a prepararem-se a receber a "graça" e a evitar a "desgraça" presente nela; às mulheres e aos homens consagrados que ainda não perderam o "encanto do primeiro amor" *no seguimento de Cristo*, sintam-se aqui representados e encorajados; também aquelas e aqueles que se sentem cansados do caminho que percorreram, possam encontrar nestas páginas restauro e consolação.

Agradeço o amigo Frei Patrício por nos tê-lo presenteado.

INTRODUÇÃO À EDIÇÃO BRASILEIRA

Eu me considero um religioso Carmelita Descalço feliz, e faz mais de 55 anos que procuro difundir essa felicidade por onde passo. Não sou uma pessoa de estudo, prefiro manifestar a minha alegria no dia a dia, no serviço que, ao longo desses anos, tenho tido possibilidade de oferecer à minha Ordem, à Igreja e à Vida Religiosa, através de cursos, de retiros e de livros que não têm nada de difícil, por dois motivos. O primeiro porque não tenho uma cultura escolástica e acadêmica. A minha teologia é teologia de pés descalços, teologia da rua, da cotidianidade. E segundo, porque tenho uma antipatia profunda e diria genética com todos os livros que, para serem lidos, nos obrigam a utilizar dicionários ou outros livros.

Os meus livros podem ser não originais, mas são o fruto de uma experiência pessoal, da leitura da Bíblia e dos místicos. Tenho lido livros e mais livros sobre a Vida Religiosa. Alguém poderia me perguntar por quê. Para chegar a compreender como podem existir religiosos e religiosas que vivem numa tristeza permanente, diria numa desgraça, e não conseguem ser felizes nem fazer os outros felizes. Ao mesmo tempo, creio que seja importante compreender desde o início que a Vida Religiosa, antes de ser uma escolha do ser humano, é escolha de Deus.

Tenho pensado muito na frase "a alegria de sermos escolhido por Jesus". "Não fostes vós que me escolhestes, mas fui eu que vos escolhi!" Não importa o que fazemos durante os anos da Vida Religiosa, mas a maneira como gerenciamos os nossos dramas, traumas, preocupações, desilusões e cruzes, que nunca faltam.

As pessoas que me conhecem há muito tempo me reprovam com veemência porque em nenhuma foto eu sorrio, ou o faço raramente, e tenho sempre a cara fechada. A mais bela definição de mim mesmo a deu uma criança, quando disse: "mãe, o frei Patrício tem casca dura, mas coração mole, doce! É como o tatu ou o abacaxi."

Este livro teve uma longa gestação. A ideia ia e vinha, por fim se tornou realidade. Não quer ensinar muitas coisas, mas tem como finalidade colocar-nos contra a parede para fazer um sério exame de consciência e tomar uma posição. De que lado eu me encontro, do lado da GRAÇA ou do lado da DESGRAÇA? Se por acaso nos encontramos nesse último — e confesso que várias vezes me encontrei no lado da desgraça —, é possível, através de uma lenta e dolorosa conversão, passar para o lado da graça da vida consagrada. É duro, mas sempre é possível recomeçar. O importante na vida de seguimento de Cristo Jesus não é não cair, mas ser capaz de se reerguer. Caiu Pedro e se levantou; caiu Agostinho e se levantou; caiu Madalena e se levantou, e tantos outros santos "caíram feio", se machucaram, mas tiveram a coragem e a humildade de Davi para cantar o Miserere e se converter, e foram santos como os outros que, por uma graça especial de Deus, não caíram e foram força para os caídos retomarem o caminho.

Há uma frase de Santa Teresa d'Ávila que me ajudou muito na vida e continua a ajudar-me; talvez possa ajudar também você, leitor: "Deus doura os nossos pecados, para que os outros não os vejam, e nós podemos fazer um pouco de bem!" (V 4, 10)

Graças a Deus nós não vemos os pecados que convivem conosco; se nós os víssemos perderíamos provavelmente a confiança, e seria como fizeram Adão e Eva depois do erro, cobriríamos a nossa nudez e quando Deus viesse nos chamar, também nós nos esconderíamos. Estamos num momento de fragilidade que não deve desanimar-nos, mas infundir-nos uma nova coragem para enfrentar a vida.

Uma Vida Religiosa sem certo grau de fragilidade, pecados e, por que não, sem escândalos perde a sua beleza e a sua luta para vencer os "diabos" que infestam o mundo dos conventos e da vida da Igreja. A Vida Religiosa surge na Igreja num contexto de infidelidade. Jesus não fundou nenhuma forma de vida religiosa, não era necessário. O seu chamado foi claro para todos os que escutavam a sua palavra: "Se alguém quiser vir após mim, tome cada dia a sua cruz e me siga!" A quem pedia a Jesus e queria ter a vida eterna, ele não apresenta nada além dos mandamentos. Mas se alguém quer segui-lo numa forma total e íntegra, Jesus oferece um outro grau de generosidade: "Falta-te ainda uma coisa: vai, vende o que tem, dá aos pobres e depois vem atrás de mim!"

Este livro propõe uma coisa simples: ajudar os consagrados, porque já há tempo que demos a nossa resposta positiva a Jesus de segui-lo "mais de perto, vivendo a pobreza, a obediência e a castidade, num estilo de vida de oração e de simplicidade". Descer no santuário do nosso coração, no mais profundo do castelo interior, para fazer nós mesmos uma radiografia do coração, e poder ver como vivemos a nossa consagração.

A Vida Religiosa nasce no terreno frágil da infidelidade da Igreja dos primeiros tempos, quando Ananias e Safira, como nos diz os Atos dos Apóstolos, começaram a trapacear com aquilo que colocaram aos pés de Pedro, o dinheiro da venda do campo...

Ora, um homem chamado Ananias, junto com sua mulher Safira, vendeu sua propriedade; mas, com o conhecimento da mulher, ficou com uma parte do dinheiro e depositou só uma parcela aos pés dos apóstolos. Então, Pedro disse: "Ananias, por que encheu Satanás teu coração, para que mintas ao Espírito Santo e retenhas uma parte do preço da propriedade? Ficando como estava, não permaneceria tua? E vendendo-a, o dinheiro não ficaria teu? Como pôde tal coisa passar por tua cabeça? Não é a homens que mentiste, mas a Deus". Ao ouvir essas palavras, Ananias caiu morto. Grande temor apoderou-se de todos os que ficaram sabendo. Vieram então os jovens para envolver o corpo e o levaram à sepultura. Umas três horas depois, entrou sua mulher, sem saber do acontecido. Pedro lhe dirigiu a palavra: "Foi por essa quantia mesmo que vendeste a propriedade?" Ela confirmou: "Sim, foi". Pedro replicou: "Por que combinastes pôr à prova o Espírito Santo? Olha, os pés dos que enterraram teu marido estão à porta para levar a ti também!" No mesmo instante, ela caiu diante dele e expirou. Ao entrarem, os jovens a encontraram morta e levaram-na para sepultá-la junto do marido. Grande temor apoderou-se de toda a Igreja e de todos os que ficaram sabendo do acontecido (At 5,1-11).

A sua força é a transparência da vivência dos votos e da sua missão, da sua pobreza e a escolha de estar ao lado dos últimos. Os religiosos com o profetismo se mesclam com os últimos em defesa dos direitos humanos.

A Vida Religiosa tem a capacidade, por sua vida testemunhal, de obrigar a Igreja a fazer um exame de consciência da sua missão, porque ela, a Vida Religiosa, não pertence à hierarquia, mas sim ao povo de Deus. Nós, os religiosos e religiosas, somos leigos que têm a missão, a partir do nosso lugar e despojados de todos os privilégios, de anunciar o evangelho *sine glossa*. A nossa palavra deve ser comprovada com a vida; devemos ser Evangelhos vivos que proclamam com o próprio silêncio o amor de Deus, que envia seu Filho, Jesus Cristo, para nos libertar.

PAPA FRANCISCO
AUDIÊNCIA GERAL

Praça de São Pedro
Quarta-feira, 26 de abril de 2023

A paixão pela evangelização: o zelo apostólico do crente — 12. Testemunhas: o monaquismo e a força da intercessão. Gregório de Narek[1]

Estimados irmãos e irmãs, bom dia!

Continuamos as catequeses sobre as testemunhas do zelo apostólico. Começamos por São Paulo e, da última vez, vimos os mártires, que anunciam Jesus com a vida, a ponto de a entregar por Ele e pelo Evangelho. Mas existe outro grande testemunho que atravessa a história da fé: *o das monjas e dos monges*, irmãs e irmãos que renunciam a si, renunciam ao mundo para imitar Jesus no caminho da pobreza, da castidade e da obediência e para interceder a favor de todos. A vida deles fala por si só, mas nós poderíamos perguntar-nos: como podem pessoas que vivem no mosteiro ajudar o anúncio do Evangelho? Não seria melhor que empregassem as suas energias na missão? Saindo do mosteiro e pregando o Evangelho fora do mosteiro? Na realidade, os monges são o coração pulsante do anúncio: a sua oração é oxigênio para todos os membros do Corpo de Cristo, a sua oração é a força invisível que sustenta a missão. Não é por acaso que a padroeira das missões é uma monja, Santa Teresa do Menino Jesus. Ouçamos como descobriu a sua vocação, escreveu o seguinte: "Compreendi que a Igreja tem um coração, um coração abrasado pelo amor. Entendi que só o amor impele os membros da Igreja à ação e que, quando este amor se apaga, os apóstolos já não anunciariam o Evangelho, os mártires já não derramariam o seu sangue. Compreendi e descobri que o amor abarca em si todas

---

1. Texto disponível em: <https://www.vatican.va/content/francesco/pt/audiences/2023/documents/20230426-udienza-generale.html>. (N. da R.)

as vocações [...]. Então, com imensa alegria e êxtase de alma, clamei: Ó Jesus, meu amor, finalmente encontrei a minha vocação. A minha vocação é o amor. [...] No coração da Igreja, minha mãe, serei o amor" (*Manuscrito autobiográfico "B"*, 8 de setembro de 1896). Os contemplativos, os monges, as monjas: pessoas que rezam, trabalham, oram em silêncio, por toda a Igreja. E este é o amor: é o amor que se exprime orando pela Igreja, trabalhando pela Igreja nos mosteiros.

Este amor por todos anima a vida dos monges e traduz-se na sua oração de intercessão. A tal respeito, gostaria de vos citar como exemplo São Gregório de Narek, Doutor da Igreja. É um monge armênio, que viveu por volta do ano 1000 e nos deixou um livro de orações, no qual foi derramada a fé do povo armênio, o primeiro que abraçou o cristianismo; um povo que, apegado à cruz de Cristo, sofreu muito ao longo da história. São Gregório passou quase toda a sua vida no mosteiro de Narek. Ali aprendeu a perscrutar as profundezas da alma humana e, fundindo poesia e oração, alcançou o auge tanto da literatura como da espiritualidade armênia. O aspecto que mais impressiona nele é exatamente a *solidariedade universal* da qual é intérprete. E entre os monges e as monjas há uma solidariedade universal: aconteça o que acontecer no mundo, encontra lugar no coração deles e rezam. O coração dos monges e das monjas é um coração que recebe como uma antena, capta o que acontece no mundo e reza e intercede por isso. Assim vivem em união com o Senhor e com todos. E São Gregório de Narek escreve: "Tomei voluntariamente sobre mim todas as faltas, desde as do primeiro pai até àquela do último dos seus descendentes" (*Livro das Lamentações*, 72). E como fez Jesus, os monges assumem sobre si os problemas do mundo, as dificuldades, as doenças, muitas coisas, e rezam pelos outros. Estes são os grandes evangelizadores. Porque é que os mosteiros vivem fechados e evangelizam? Porque com a palavra, o exemplo, a intercessão e o trabalho diário, os monges são uma ponte de intercessão para todas as pessoas e para os pecados. Eles choram também com as lágrimas, choram pelos seus pecados — todos somos pecadores — e choram também pelos pecados do mundo, e oram e intercedem com as mãos e o coração ao alto. Pensemos um pouco nesta — permito-me a palavra — "reserva" que temos na Igreja: são a verdadeira força, a força autêntica que leva em frente o povo de Deus e disto tem origem o hábito que as pessoas têm — o povo de Deus — quando se encontra com um consagrado, uma consagrada, de dizer: "Reza por mim, ora por mim", pois sabem que há uma oração de intercessão. Far-nos-á bem — na medida em que pudermos — visitar algum mosteiro, porque lá se reza e se trabalha. Cada um tem a própria regra, mas as mãos estão sempre ocupadas: ocupadas com o trabalho, ocupadas com a oração. Que o Senhor nos conceda novos mosteiros, monges e monjas que levem em frente a Igreja com a sua intercessão. Obrigado.

Saudações:

Saúdo os peregrinos de língua portuguesa, especialmente os grupos vindos de Portugal e do Brasil! Seguindo o exemplo de São Gregório de Narek, façamos da nossa vida de oração uma constante intercessão pelos nossos irmãos e irmãs, particularmente pelos mais necessitados do amor misericordioso de Deus. Que o Senhor vos abençoe!

PREMISSA

A vida religiosa não é uma oportunidade para assegurar-se uma vida tranquila, sem problemas, com pão e alojamento seguros, possibilidade de estudo, férias e também uma pitada de trabalho, enfim, para tranquilizar a consciência ou evitar momentos de tédio. Não é nem mesmo um sistema que assegure, para quem não faz parte dele, tranquilidade para o futuro ou uma promoção social útil para fazer carreira e ganhar também alguma viagem ao exterior.

Eu mesmo, quando entrei na vida religiosa, ainda jovem, não compreendia bem do que se tratava e o que queria dizer ser religioso. O Senhor se serve de tudo para chamar-nos e o faz só por amor.

A vocação é a alegria de ser escolhido por Deus, chamado por ele, e responder-lhe com a coragem de deixar-se amar e conduzir por ele pelo caminho que ele quiser. É a coragem de superar as resistências que se apresentam dentro de nós para responder com plena liberdade e convicção ao Amor de um Deus que atrai. A alegria da vocação é colocar-se ao serviço de Deus como um humilde discípulo e servo, sem ter medo de nada. É uma página em branco que nós assinamos e que Deus e os nossos superiores preenchem como crerem melhor. Nesse sentido, e só nesse sentido, a vida religiosa é a maior graça que Deus pode fazer a uma pessoa, chamando-a a trabalhar como humilde operário na sua vinha, como um ramo da Videira que é o próprio Jesus.

A resposta, como todas as respostas, não pode ser estática, mas deve corresponder a um dinamismo interior de vida e de amor. Em cada momento é necessário renovar o "Sim" pronunciado no início, fruto do encontro de duas liberdades: liberdade de Deus que chama e a liberdade do homem ou da mulher que responde afirmativamente ao chamado.

A vocação não é um chamado para ganhar o pão de cada dia, ela ultrapassa tudo isto. É a proposta de um caminho cujo amor é colocado à prova e nos faz experimentar a alegria de deixar-nos serenos, enquanto aprendemos por nossa vez a amar, mesmo se não tivermos um lugar para comer ou um lugar seguro para reclinar a cabeça. O seguimento de Cristo é um caminho de liberdade que se realiza na alegria do Amor de Deus e do próximo.

Ser religioso, ter tido a vocação, ter sido chamado e aderido com plena liberdade de amor, é uma graça pela qual jamais agradeceremos suficientemente ao Senhor, pela confiança que nos concedeu, e à Congregação, que nos acolheu com seu amor. Nada de mais consolador que ouvir ou auscultar no próprio coração a voz de Cristo que nos chama a segui-lo: *"Vem e segue-me"*. Quando se ama não se pergunta até onde vai o chamado nem para onde vai, simplesmente nos colocamos a caminho para onde ele nos mostrar. É muito útil ler a vida das santas e dos santos religiosos, os quais, passando através de todas as noites e desertos, seguiram Jesus com alegria sem jamais arrepender-se. Não foi fácil a vida religiosa de santo Inácio de Loyola nem menos de Santa Teresa do Menino Jesus ou de São Francisco de Assis, a vida de Santa Teresa de d'Ávila ou de Teresa de Calcutá, mas todos eles, sem exceção, foram religiosos alegres e felizes. A alegria de ser chamados pelo Mestre, de fato, e a alegria de segui-lo, são fontes de alegria em cada momento da vida.

1
A DESGRAÇA DE NÃO SERMOS CHAMADOS

Pode acontecer, em nossos dias, que diminua cada vez mais o número daqueles que entram na vida religiosa sem real vocação, talvez só para encontrar um metro de terra para viver e morrer tranquilamente. Penso, todavia, que possa, ao invés, subsistir o caso de quem — tendo entrado na vida religiosa por um real chamado —, depois por sucessivos relaxamentos pessoais ou insuficiente cuidado com a própria vocação, encontre-se um dia — quase sem compreender como chegou aí — a sentir náusea pela própria vocação e a ver a vida, antes abraçada com entusiasmo, como antecâmara do inferno.

Sem dúvida isto pode acontecer. Por isto é necessário renovar continuamente a resposta e a adesão ao Chamado do Senhor. De fato, permanecer na vida religiosa como hóspede, ou pior ainda, como inquilino que não paga o aluguel, progressivamente se torna inaceitável também para quem vive assim, e torna a pessoa descontente e agressiva. Ou, pior ainda, indiferente aos valores da convivência, porque passa a viver sem viver.

Sem a alegria de ser de ter sido chamado por Deus (a vocação à vida religiosa não é uma decisão pessoal, mas uma escolha de Deus), a própria vida religiosa se torna um peso insuportável. Não mais um santuário que alegra, com cantos, oração, a missão e a vida fraterna... Mas uma horrível prisão, à semelhança de um fardo insustentável, de que se buscam todos os meios para fugir, libertar-se do vínculo dos votos e de todas as normas da constituição e de todas as regras. Há quem se sinta escravo e busque uma liberdade que não dá alegria, mas que o torna, em vez disso, sempre mais escravo de si mesmo.

Isto, naturalmente, não acontece só na Vida religiosa ou sacerdotal, também na vida matrimonial, quando se casa por interesse, para agradar, ou por comodismo. Após algum tempo, uma relação privada de fundamento profundo do amor se torna inevitavelmente infeliz. Semelhantemente, aqui também é assumido um compromisso com o qual não há identificação verdadeira e, após algum tempo, a pessoa torna-se triste, insatisfeita, frustrada e busca com todas as forças se libertar e, assim, encontrar um espaço para respirar.

Do mesmo modo, no caminho da consagração empreendido sem um contínuo discernimento, sem uma contínua renovação da escolha feita, não pode existir a verdadeira felicidade, a alegria que faz viver e proporciona, a quem a vive, a certeza de estar no lugar certo.

Ser religioso só pela força, quase obrigatoriamente, por medo e sem vocação, é a pior desgraça que pode acontecer a uma pessoa e àqueles que vivem ao seu lado.

A Igreja não quer religiosos, religiosas, sacerdotes, nem matrimônio infeliz, portanto, convida sempre a um são e necessário discernimento para poder empreender um caminho de adesão fiel ao desígnio de Deus.

No caso de alguém que errou o caminho, o que pode fazer?

Bela e consoladora é a resposta de Santo Agostinho: "Se algum dia descobrires que não foste chamado esforça-te para serdes chamado".

Porém, humildemente, é oportuno pedir para deixar a vida religiosa a fim de encontrar a verdadeira felicidade, ou ainda, em espírito de fé, aceitar como purificação o caminho da noite e viver com fidelidade a vida para a qual não foi chamado.

Não devem, entretanto, jamais abandonar a si mesmos ao mau humor e à tristeza aqueles irmãos e aquelas irmãs que vivem uma vida religiosa sem alegria. É necessário, sobretudo, estar-lhes próximo, encorajá-los a tomar decisões idôneas a uma vida de menor sofrimento.

2
ORAÇÃO E NÃO ORAÇÃO

Rezo mal, não sei rezar, mas sempre amei a oração, a amo mais que a mim mesmo. Após ter lido muitos livros sobre a vida religiosa, sobre as vidas de santos religiosos e os documentos da Igreja, não é difícil convencer-me — pelo menos de acordo com a razão, embora na vida seja diferente — que o coração da vida religiosa é a oração, entendida como amizade vivificante com Deus.

A oração, para o religioso, não é uma espécie de turismo espiritual nem um passatempo para preencher vazios: é a sua específica vocação, o seu trabalho; é isto que o povo nos pede: que rezemos por ele.

A alegria nossa de religiosos é a oração, este diálogo com o Senhor, o estar em silêncio diante dele. Nossa missão é falar com Deus sobre os problemas, os sofrimentos que afligem a nós e ao povo. Não se trata de buscar novas definições para a oração, nem de inventar novos métodos de oração que, finalmente, se reduzem sempre à mesma técnica. As diferentes modalidades da oração são outras tantas estradas para chegar a Deus (e O trazer ao próximo), tanto no Oriente, no Ocidente, no Polo Norte ou no Polo Sul.

Feliz é o religioso que faz da oração o seu estilo de vida e que busca com convicção o tempo melhor para estar com Deus, esforçando-se para se tornar oração.

A oração, através da purificação do coração e da vida, nos dá paz e serenidade, nos imerge no divino e torna doce e suave o peso da cruz.

Onde aprendemos o caminho da oração? Na Palavra de Deus. Em todos os livros da Bíblia, absolutamente todos, encontramos homens e mulheres orantes que buscam a Face de Deus e permanecem diante dele em silêncio, deixando-se queimar pelo fogo do Amor.

A oração, de fato, não é questão de tempo ou de estudo, mas de Amor. Viver o Amor nos leva sempre a estar na presença de Deus, de um Deus que nos chama à solidão, a momentos de deserto para falar ao nosso coração e depois nos mandar com força e doce violência em meio ao povo, com o semblante alegre e radiante.

É necessário e honesto, a este ponto, perguntar-nos que lugar ocupa a oração em nossa vida, se ao centro ou em um pequeno ângulo periférico. Se a cultivamos para encontrar nela a nossa alegria, e desejando esse momento como o noivo aguarda sua noiva, como o esposo deseja a esposa, como o amigo espera o amigo — isso é, como necessidade do coração —, ou se a vivemos sobretudo como obrigação prescrita nas Constituições e Códigos.

Onde não há mais necessidade de normas e horários que obriguem a rezar, mas que se corre espontaneamente à oração, impulsionado pela fome e sede de Deus, aí começa verdadeiramente a autêntica relação, o verdadeiro diálogo com ele. Como o cervo sedento de água, assim a alma enamorada de Deus busca a Água viva, a Fonte viva que é Jesus.

A oração, em todas as suas formas, exprime sempre criatividade: do rosário à meditação, das jaculatórias à Eucaristia, da *lectio divina* à oração silenciosa. Na oração, com espírito de fé, o religioso e a religiosa cultivam e guardam a alegria dada por Cristo até experimentarem a plenitude da promessa.

É uma grande graça descobrir a oração como necessidade do amor e do coração, como o único espelho capaz de fazer-nos conhecer Deus e nós mesmos, como pedagogia da vida fraterna e apostólica, como entusiasmo na missão.

O religioso que crê na oração não tem tempo para estéreis discussões — se a oração e o apostolado lhe forem mais importantes —, não se deixa seduzir pelo ativismo nem pelo misticismo e sabe criar uma doce harmonia entre os dois dinamismos. Sabe correr quer à missão, quer à solidão; sabe correr em auxílio do irmão para ouvi-lo e, depois, retornar velozmente e com alegria à oração, diante da face escondida do Senhor.

O religioso, o consagrado, o cristão que reza é feliz e irradia felicidade, não abandona jamais a oração a fim de assistir TV, buscando, nessas recreações inúteis, notícias que esvaziam o coração e a alma. A oração não cansa, sobretudo repousa, dá forças e revigora a alma fatigada do dia. Também dormindo se reza, se nosso coração buscou o Senhor durante o dia. Os livros sobre a oração são a alegria do orante, mas, cedo ou tarde, chega o momento no qual não há mais a necessidade de livros, pois eles não nos falam mais: deseja-se somente o único Livro como alimento, o Livro dos livros que é a face de Deus, que nos revela a face dos irmãos.

O religioso que reza é uma graça para a Igreja, para a comunidade e para a humanidade.

3
QUEM NÃO REZA É UMA DESGRAÇA

Se o maior empenho apostólico e a maior graça da vida religiosa é a oração, é fácil compreender que a vida religiosa sem a oração é uma desgraça que fere o próprio corpo da Igreja e da humanidade.

A oração é a água que fecunda os nossos desertos e a nossa vida pessoal, o nosso apostolado e a nossa missão. O religioso que não reza lentamente se torna árido, deserto, e não produz mais frutos de alegria e de esperança.

Quem não reza se torna rapidamente agressivo e suspeitoso, e busca todos os pretextos do trabalho aparentemente apostólico para fugir dos momentos de silêncio e solidão com Deus. Permanecer na capela será um peso se a oração não é amada, um aborrecimento que esmaga e que a torna absurda, como perda de tempo que poderia ser dedicado a coisas mais úteis e frutuosas, para si e para a comunidade. Quando não se cultiva a oração perde-se a atração por Deus, pois ele deixará de ser o centro de irradiação do amor, que poderá ser visto como supérfluo.

Para quem perde o sentido da oração, Deus é transformado em supermercado onde se vai por necessidade ou obrigação.

Porque a oração é uma obra de fé e não expressão de um sentimento, desejo colocar em evidência quatro elementos que caracterizam a atitude orante:

1. *O entusiasmo*. Todos nós experimentamos na oração momentos de verdadeiro entusiasmo sensível, um bem-estar e satisfação em nos sentirmos à vontade. Este estado, porém, é passageiro e não pode durar para sempre; é um dom de Deus, uma graça que o Senhor nos faz para nos enamorarmos dele.

2. *A convicção*. A certa altura o entusiasmo se esvai até desaparecer da nossa vida de oração; portanto, tendo em nós as raízes da convicção, nos colocamos em oração, tanto pessoal como comunitária ou litúrgica, porque estamos convictos de sua importância e valor. Mesmo que nos custe e a façamos com fadiga, buscamos

estar atentos e nos esforçarmos na prática de piedade pessoal tendo diante de nós o exemplo de Jesus, dos santos e a Palavra de Deus que nos anima neste caminho, confirmando a nossa convicção.

3. *O dever*. Na vida, chega o momento em que o entusiasmo desaparece e a convicção se torna frágil; mas o dever, a lei, as normas e as constituições nos sustentam. Vamos a orar porque o sino soa e para não sermos chamados a atenção pelos nossos superiores. Esta é uma oração do dever e não do amor. Nessa situação de fadiga pode apresentar-se a tentação, como apresentou-se à Santa Teresa d'Ávila ou a tantos outros santos, de não comparecer à oração, e muitas vezes buscamos mil pretextos falsos e enganadores para não comparecermos.

4. *A fé*. Em certo momento da vida entra a oração como ato de fé: não sinto nada, não tenho vontade, o dever não me diz mais nada, retiro-me em oração pela fé e pela fidelidade. Aqui está a âncora que nos salva das ilusões. Estes são os momentos preciosos da purificação nos quais Deus quer nos aproximar a ele. É a noite na qual podemos abandonar a oração ou permanecer fiéis a ela como ato de fé, esperança e de amor.

O religioso que deixa a oração entra num vórtice de ilusões, tristeza e infidelidade, e lentamente perde a alegria de sua vocação. Não luta mais para ser fiel aos votos, à missão e à vida comum.

Sem a oração a porta do nosso coração se abre ao mundanismo, à ambição, à busca do poder e à luta para sermos os primeiros e excluir a todos do nosso coração.

A pior desgraça da vida religiosa é abandonar a oração, o retiro e a meditação e transformar-se em administrador de empresa que não se preocupa com a santidade, mas com a eficiência operativa das obras.

Se não vigiarmos mais a porta do coração porque não há mais o anjo da oração, a vida se torna vazia e até podemos falar da oração, mas não rezar.

Noventa e nove por cento das crises são consequências do abandono da oração. Os Padres da Igreja, especialmente os Padres do Oriente, possuem uma forte imaginação simbólica quando falam da oração. Considera-a uma muralha que defende o coração, um bastão no qual se apoiam a fim de não cair, um rio que fecunda o deserto. Teresa d'Ávila nos diz que a oração e a reflexão são a porta de entrada no castelo interior do nosso coração onde habita o Rei, Sua Majestade, que é Deus com toda corte celeste.

Perder o gosto da oração é como perder o apetite e deixar o alimento. Lentamente o corpo se enfraquece e morre. O mesmo acontece com quem não reza: é uma alma, para usar a expressão teresiana, que não cresce.

Sem a oração nossa vida se torna deserta e cheia de espinhos, que não deixam crescer a videira, Cristo, e os seus frutos abundantes.

4
VALORIZAÇÃO E DESVALORIZAÇÃO DO PRÓXIMO

Uma das coisas mais belas da vida religiosa e que dá mais alegria a quem a vive é valorizar os outros. Não se deveria jamais ter medo ou acanhamento se os irmãos são melhores do que nós, mas sentir em nosso coração alegria quando vemos que Deus proporciona mais graças, mais carismas àqueles que caminham conosco. Quando não somos capazes de realizar algo, Deus coloca sempre em nosso caminho pessoas que nos estendem a mão para nos ajudar. Na minha longa vida carmelitana fiz uma constatação que me cumula de alegria humana e espiritual. Encontrei sempre irmãos e irmãs que em momentos de dificuldade vieram-me em auxílio.

Um gesto de verdadeira fraternidade é procurar sempre promover os outros, dar-lhes confiança, projetá-los para o futuro, seja dentro como fora da congregação. Cada um de nós é como uma mina de ouro. Muitas vezes é necessário remover toneladas de terra para encontrar um grão de ouro, mas, uma vez encontrado, sentimos renascer em nós a esperança. Deus não dá os mesmos dons a todos, mas em sua bondade diversifica esses dons para que todos cooperem para dar frutos.

Tantas vezes igualam a vida religiosa à vinha da qual fala o Evangelho (Jo 15). Um ramo, para produzir frutos, tem necessidade do agricultor que com amor poda a videira, limpa e corta os galhos inúteis; e assim cada ramo produz frutos segundo sua capacidade.

Valorizar a qualidade dos membros da comunidade não é desvalorizar a si mesmo, mas potenciar a própria qualidade. Isto exige atenção ao outro, estar aberto ao diálogo e colher os mínimos gestos do outro. Sabemos que a maior parte das nossas potencialidades permanece inativa em nós e nos outros porque não encontramos o modo de exprimi-las ou muitas vezes não encontramos ninguém que creia em nós, e então nos fechamos em nós mesmos e perdemos ótimas oportunidades para fazer o bem.

Valorizar o próximo exige sinceridade, humildade e amor de nossa parte. Não é suficiente repetir que nós amamos. O outro deve experimentar o nosso amor e ver em nós alguém que acredita nele.

A valorização do outro é necessária para que possamos vencer o egoísmo que, escondido em nosso coração, nos faz temer que a sua capacidade obscureça a nossa. João Batista soube valorizar a missão de Jesus. Dizia: "Cristo deve crescer e eu diminuir"; e em resposta Jesus valorizou de maneira grandiosa a missão de João Batista, indicando-o como *o maior* entre os nascidos de mulher. Jesus valorizou os seus discípulos dando-lhes confiança, educando-os, corrigindo-os e enviando-os a evangelizar. Como é bela a missão que abre caminhos e possibilidades para todos, mas especialmente para aqueles que nos são próximos na comunidade religiosa, dando-lhes espaço e apreciando-os na missão que desenvolvem melhor e com maior alegria.

A valorização do próximo é uma grande graça que devemos pedir ao Senhor. Devemos pedir que nos dê a luz do Espírito Santo para reconhecer a capacidade dos irmãos e das irmãs. Pedir um bom olhar, de amor misericordioso, que saiba enxergar primeiro o bem e a virtude e depois — se útil e necessário — seus defeitos e limites.

Valorizar o outro é saber estimulá-lo no bem, elogiá-lo quando faz algo belo, ajudá-lo a sair do seu pessimismo e pedir ajuda naquilo que nós mesmos não sabemos fazer. Os olhos e o coração que amam veem o bem florir na árvore e no jardim do outro. A vida religiosa é um grande jardim onde não há somente nós mesmos como flor e árvore que dá frutos, mas também tantos outros, todos capacitados para produzir e fazer o bem. A alegria de ver o irmão com os olhos de Deus destrói em nós a antipatia, a inveja e a soberba e nos dá a consciência de que somente juntos podemos anunciar a Palavra de Deus e fazer o bem.

Não valorizar o próximo é idolatria de si mesmo

Quando não queremos valorizar os outros, caímos inevitavelmente na terrível idolatria de nós mesmos, na espiral do egoísmo e do egocentrismo. Não vemos senão a nós e queremos que todos nos adorem como bezerros de ouro do deserto[1]. O homem sem ajuda de Deus e sem promover o bom senso e os valores humanos se torna agressivo, e para ser ele o centro de tudo começa a destruir, com um cinismo único, todos aqueles que estão ao seu redor. Usa os outros como degraus para subir sempre mais alto.

---

1. Cf. este episódio bíblico no livro do Êxodo, cap. 32. (N. do E.)

Não valorizar o próximo é uma manifestação terrível do abuso do poder e da própria capacidade, que conduz a subterfúgios, a fazer acepção de pessoas ou a dominá-las.

Na vida religiosa, na sociedade humana, na Igreja, em todos os lugares, estas pessoas são uma desgraça que empobrece o crescimento do outro e impede a alegria da vida em comum. Quem não valoriza, não promove o outro, pode parecer insuportável, mas lentamente corre o risco de permanecer só e ser abandonado por todos. Não cria laços de amizade, mas de servilismo. Vivemos, é verdade, em um mundo onde não nos olhamos uns aos outros como irmãos mas como rivais, e declaramos guerra para não perdermos nosso lugar ou sermos excluídos. Este modo de pensar não é humano e menos ainda evangélico. Quem crê no amor vê no outro um irmão com quem caminhar e progredir. Para construir juntos e para promover-se reciprocamente há sempre lugar para todos e espaço para que todos possamos manifestar plenamente nossas capacidades.

Não podemos jamais desvalorizar, esconder, ou, pior ainda, rebaixar a capacidade do outro para sermos promovidos, mas ser mãos estendidas para ajudar quem caminha lentamente, ou permitirmos que nos ajudem aqueles que progridem mais que nós.

Quem assume a postura da desvalorização do outro se arrisca a ser, um dia, descartado, ficar de fora, e permanecer sem apoio de ninguém.

A doença da insubstituibilidade

Antigamente e por muitos anos, tive uma doença que me tornou como que paralítico, fechado em mim mesmo e para os outros. Era a doença da insubstituibilidade: pensava que ninguém podia funcionar sem meu parecer, minha presença ou minhas ordens. É um câncer que, na juventude, acomete muitas pessoas e se não for curado em sua fase inicial pode ir adiante por toda vida, se tornando cada vez mais difícil se libertar dele, mesmo com a quimioterapia. Uma doença especialmente presente na vida religiosa, no *clericalismo* e no *suorismo*. Como me curei? Creio não estar ainda totalmente curado, mas foi assim: um dia em que me sentia mais atacado desta terrível enfermidade, fui visitar o cemitério, então quase por acaso dei-me conta de que todos os mortos durante a vida desempenharam um trabalho ou uma responsabilidade menor ou maior. E depois morreram.

Todos tinham sido substituídos e o mundo não havia acabado. Nem a Igreja e menos ainda o Carmelo.

Todas as coisas e todas as responsabilidades haviam igualmente passado de mão em mão e a vida continuava no mesmo ritmo ou até melhor.

Foi um choque, mas me fez muito bem. Comecei a me sentir melhor e a valorizar os outros, preparar-lhes para assumir o meu lugar, dar espaço e valorizar as pessoas próximas e distantes.

Devemos nos curar desta doença; sem isso não somos capazes de dar oportunidades aos outros. Há pessoas que na vida religiosa não reconhecem esse risco e, quando morrem, com elas morrem também suas obras e iniciativas.

Um texto que pode nos ajudar a não desvalorizar os outros e a não nos sentirmos insubstituíveis é o trecho da Bíblia no qual se narra que o sogro de Moisés lhe aconselha colocar mais confiança nos outros, pois sozinho não pode levar adiante toda carga de trabalho: trata-se de partilhar o poder da decisão, de modo a fugir da tentação de se considerar como o único representante de Deus sobre a terra.

> No dia seguinte, assentou-se Moisés para julgar o povo; e o povo estava em pé diante de Moisés desde a manhã até o pôr do sol. E o seu sogro, vendo tudo o que ele fazia com o povo, disse: "Que é isto que fazes com o povo? Por que te assentas sozinho, e todo o povo está em pé diante de ti, desde a manhã até o pôr do sol?" Respondeu Moisés ao sogro: "É porque o povo vem a mim para consultar a Deus. Quando tem uma questão. Julgo entre um e outro e lhes faço conhecer os decretos de Deus e as suas leis". O sogro de Moisés lhe disse: "Não é bom o que fazes! Certamente desfalecerás, tu e o povo que está contigo, porque a tarefa é muito pesada para ti; não poderás realiza-la sozinho. Agora, pois, escuta o conselho que te darei para que Deus esteja contigo: representa o povo diante de Deus e introduze as suas causas junto de Deus. Ensina-lhes os estatutos e as leis, faze-lhes conhecer o caminho a seguir e as obras que devem fazer. Mas escolhe do meio do povo homens capazes, tementes a Deus, seguros, incorruptíveis, e estabelece-os como chefes de mil, chefes de cem, chefes de cinquenta e chefes de dez. Eles julgarão o povo em todo tempo. Toda causa importante trarão a ti, mas toda causa menor eles mesmos julgarão, assim será mais leve para ti, e eles levarão a carga contigo. Se assim fizeres, e Deus to ordenar, poderás então suportar este povo, que por sua vez tornará em paz ao seu lugar".
> Moisés seguiu o conselho de seu sogro, fez tudo o que ele lhe havia dito. Moisés escolheu em todo Israel homens capazes, e colocou-os como chefes de mil, chefes de cem, chefes de cinquenta e chefes de dez. Eles julgavam o povo em todo tempo. Toda causa importante levavam a Moisés, e toda causa menor eles mesmo a julgavam. Depois Moisés deixou o seu sogro voltar, e ele retomou o caminho para o seu país (Ex 18,13-27).

Glorioso é elogiar e valorizar os outros.

Triste, sinal de morte e decadência espiritual é querer ser os únicos com dano de outros.

5
ACOLHIMENTO E RECUSA

A alegria de acolher o outro como parte de nós mesmos é necessária para todos e em todos os grupos, mas creio que é ainda mais necessária na Igreja e na vida religiosa. Na vida religiosa não nos reunimos por motivos de trabalho ou por afinidade de caráter, menos ainda para formar uma sociedade de interesses, afetos e laços de sangue. Na vida religiosa estamos reunidos só por amor a Jesus de Nazaré e em torno a sua Pessoa. É uma vocação, um chamado a seguir mais de perto o Senhor e nele desaparecer, porém permanecendo todas as diferenças culturais e raciais. Quando Cristo entra em nossa vida tudo se torna fácil, alegre, alegria de acolher o outro para caminharem juntos, viverem juntos e realizarem juntos um caminho de fé, de esperança e caridade. Todos, mas especialmente nós religiosos devemos ter como única regra o Evangelho e as bem-aventuranças, e como constituição o capítulo 13 da primeira carta do apóstolo Paulo aos Coríntios, o hino do amor.

> Ainda que eu falasse línguas, as dos homens e as dos anjos, se eu não tivesse a caridade, seria como um bronze que soa ou como um símbolo que tine.
> Ainda que eu tivesse o dom da profecia, o conhecimento de todo os mistérios e de toda a ciência, ainda que tivesse toda a fé, a ponto de transportar montanhas, se não tivesse a caridade, eu nada seria.
> Ainda que eu distribuísse todos os meus bens aos famintos, ainda que entregasse meu corpo às chamas, se não tivesse a caridade, isso nada me adiantaria.
> A caridade é paciente, a caridade é prestativa, não é invejosa, não se ostenta, não se incha de orgulho.
> Nada faz de inconveniente, não procura seu próprio interesse, não se irrita, não guarda rancor.
> Não se alegra com a injustiça, mas se regozija com a verdade.
> Tudo desculpa, tudo crê, tudo espera, tudo suporta.
> A caridade jamais passará.

> Quanto às profecias, desaparecerão.
> Quanto às línguas, cessarão.
> Quanto à ciência, também desaparecerá.
> Pois o nosso conhecimento é limitado, é limitada a nossa profecia.
> Mas, quando vier a perfeição, o que é limitado desaparecerá.
> Quando eu era criança, falava como criança, raciocinava como criança. Depois que me tornei homem, fiz desaparecer o que era próprio da criança.
> Agora vemos em espelho e de maneira confusa, mas, depois, veremos face a face. Agora o meu conhecimento é limitado, mas, depois, conhecerei como sou conhecido.
> Agora, portanto, permanecem fé, esperança, caridade, estas três coisas. A maior delas, porém, é a caridade!

Se vivermos esse cântico de amor, experimentaremos a beleza de viver juntos, com Jesus, tanto como cristãos que compartilham com os irmãos de fé o mesmo amor pelo Salvador, como carmelitas que receberam em dom o estilo de vida vivenciado e transmitido a nós pelos nossos fundadores e reformadores.

Acolher quer dizer amar, valorizar, ver no outro um irmão e uma irmã a quem queremos bem e pelos quais nos sentimos amados com um amor pessoal. Acolher é ver na face do outro a face luminosa de Cristo Jesus ou a face sofredora do mesmo Jesus que nos dá o mandamento do amor. Quando nos acolhemos não há mais luta, divisões, mas compreensão.

Não é possível acolher-se plenamente sem uma graça especial de Deus, de estar dispostos a renunciar a nós mesmos, sem uma capacidade empática de amar e perdoar.

Os conflitos, as diferenças culturais, de interesse ou de capacidade não nos impedem de nos aceitar mutuamente quando nos queremos bem, quando o outro se torna companheiro de viagem e nele vemos refletido o nosso eu.

Quando se acolhe não se colocam limites e cláusulas: não se pode dizer: "Quero-te bem e acolho-te se fizeres o que eu quero, se fores assim e assim, se tu…".

Acolho-te como és porque sois precioso para mim, a pupila dos meus olhos[1].
Acolho-te como és para juntos nos transformarmos nele.

Na vida religiosa não se pode fundar um grupo de pessoas que perseguem interesses pessoais e coletivos. Se for assim, transforma-se em máfia aonde tu me serves para que eu chegue à minha meta. A comunidade religiosa que faz um caminho autêntico de fé e serviço é uma comunidade de amor e de alegria.

---

1. Isaías 43,4: "Pois que és precioso aos seus olhos, és honrado e eu te amo".

A primeira regra da pastoral vocacional não é a teologia do carisma, da Regra, ou um encontro de oração, mas o acolhimento, com o qual o jovem se sente amado e recebido para iniciar o caminho como uma festa alegre de viver juntos.

É belo ver na Bíblia o acolhimento com que Lázaro, Marta e Maria recebiam Jesus[2], como Jesus acolhia os discípulos, os pecadores, Nicodemos; e todos aqueles que O buscavam se sentiam acolhidos, e pela acolhida nascia a amizade, a transformação da conversão.

O acolhimento é um perfume que se expande e enche os corações, a casa, a capela, o refeitório, a sala da recreação, sente-se, respira-se, percebe-se com no olhar, no modo de abrir uma porta e receber o abraço. É belo acolher e ser acolhido.

Hoje se colocam muitos pôsteres com escritas maravilhosas: "QUE BOM QUE CHEGASTES, BEM-VINDO!", em todas as línguas, mas falta o afeto, o perfume do abraço, são escritas congeladas que não dizem nada, antes, dizem o contrário.

O salmo de acolhida

Tenho um amor todo especial pelo Salmo 133 (132). Considero-o o cântico da acolhida, da peregrinação de quem vai ao templo, à casa, à comunidade. É belo cantá-lo e meditá-lo, mas ainda mais belo é fazê-lo nosso, encarná-lo.

Devemos cantá-lo sempre que chega alguém, quando somos visitados, quando nos encontramos.

> Vede como é bom, como é agradável
> habitar todos juntos, como irmãos.
> É como óleo fino sobre a cabeça,
> descendo sobre a barba,
> a barba de Aarão, descendo
> sobre a gola de suas vestes.
> É como o orvalho do Hermon, descendo
> sobre os montes de Sião;
> porque aí manda o Senhor a benção,
> a vida para sempre.

Acolher é o sorriso de quem te espera. É a lágrima que cai dos olhos de quem parte e de quem permanece. É uma graça.

---

2. Lucas 10,38-42.

A desgraça de sentir-se rejeitado e rejeitar os outros

Talvez em alguns momentos da vida todos nós experimentamos a dor de ser rejeitado por alguém, pela comunidade, pela Igreja e pela sociedade. Por que nos rejeitaram? Devemos fazer um exame de consciência para ver se depende de nossa atitude ou de gestos que feriram e causaram reações desagradáveis da parte dos outros que nos *deletaram* (cancelaram), como se diz na era tecnológica. Colocaram-nos, como se dizia antigamente, em banho-maria. Rejeitar alguém que vive conosco sob o mesmo teto, que tem o mesmo propósito de seguir Jesus, que escolheu o mesmo carisma e estilo de vida é um pecado que grita contra Deus e contra a comunhão fraterna.

Mas o que é pecado? Podem-se dar múltiplas definições pessoais, mas não devemos jamais separar-nos daquela que encontramos na Palavra de Deus. Os estudiosos nos dizem que o verbo grego *"martano"* quer dizer faltar ao sinal, andar longe do centro, então o pecado é tudo o que divide, que nos afasta do centro de nossa vida, Jesus, e do amor fraterno. O pecado é recusar tacitamente, às vezes de forma não declarada, a Deus e aos irmãos, e colocarmo-nos em seu lugar. Rejeitar alguém é impedir o caminho da fraternidade.

Infelizmente, nos rejeitamos na vida, e depois com toda tranquilidade vamos orar juntos, comungamos juntos, e esquecemos o que foi celebrado: "todos aqueles que comem deste Pão e bebem deste cálice" tornam-se um só corpo e uma só alma.

Excluir alguém é pecado, mas quem é rejeitado não pode deixar-se excluir e por sua vez rejeitar a comunidade.

Um dia, pus-me a refletir — ainda que depois meus pensamentos fossem longe — sobre a espiritualidade do descarte, a espiritualidade da recusa, se se trata de uma cruz a ser aceita com amor e como uma oportunidade de purificação, de cruz salvífica, como um caminho evangélico.

O seu povo rejeitou Jesus, mas ele não rejeitou o povo; os discípulos, em certos momentos, rejeitaram o mestre, mas o mestre não rejeitou os discípulos.

Quem exclui perde a oportunidade do amor e da fraternidade e, isolando, se isola; quem é rejeitado deve ter a coragem de meditar os cânticos do servo sofredor de Javé:

> Ouve isto vós, casa de Jacó,
> vós que sois chamados pelo nome de Israel
> que brotastes das águas de Judá.
> que jurais pelo nome do Senhor,

que invocais o deus de Israel,
mas não com fidelidade e justiça.
Com efeito, o seu nome, eles o derivam da cidade santa.
Apoiam-se sobre o Deus de Israel
— Senhor dos Exércitos é seu nome —.
As coisas antigas, proclamei-as há muito tempo;
elas saíram da minha boca, eu as proclamei,
de repente passei à ação e elas se realizaram.
Porque eu sabia que tu és obstinado,
que o músculo do teu pescoço é de ferro,
e que tua testa é de bronze.
Eu to anunciei há muito,
proclamei-o antes que acontecesse,
para que não dissesses:
"O meu ídolo fez estas coisas,
a minha imagem esculpida ou a minha imagem fundida
o determinaram."
Ouviste e viste tudo isto,
E vós, não havíeis de anunciá-lo?
Desde agora te faço ouvir coisas novas,
coisas ocultas que não conhecias.
Foram criadas agora, e não em tempos antigos,
até o dia de hoje nada tínheis ouvido a respeito delas,
para que não dissesses: "Ora, isso eu já sabia."
Mas tu só não tinhas ouvido, antes, também não o sabias;
há muito que os teus ouvidos não estavam atentos.
Com efeito, eu sabia que agias com muita perfídia
e que desde o berço te chamavam rebelde.
Mas por causa do teu nome retardo a minha ira,
por causa da minha honra procuro conter-me,
a fim de não exterminar-te.
Vê que te comprei, mas não por dinheiro,
escolhi-te quando estavas no crisol da aflição.
Por causa de mim mesmo, só de mim mesmo, é que vou agir;
com efeito, como haveria de ser profanado o meu nome?
A minha glória, não a darei a outrem.
Ouve-me, Jacó, Israel a quem chamei,
eu sou; sou o primeiro
e sou também o último.
A minha mão fundou a terra,
a minha destra estendeu os céus;

eu chamo-os e todos juntos se apresentam.
Reuni-vos todos e ouvi:
quem dentre vós anunciou estas coisas?
O Senhor o ama; ele realizará aquilo que lhe apraz
a respeito da Babilônia e da raça dos caldeus.
Eu, eu é que lhe falei, sim, eu o chamei,
Eu o trouxe; eis porque o seu empreendimento se cobrirá de êxito.
Chegai-vos a mim e ouvi isto:
desde o princípio não vos falei às escondidas,
quando estas coisas aconteceram eu estava lá,
e agora o Senhor me enviou com o seu espírito.
Assim diz
O Senhor, o teu redentor, o Santo de Israel:
Eu sou o Senhor teu Deus, aquele que te ensina para o teu bem,
aquele que te conduz pelo caminho que deves trilhar.
Então a tua paz seria como um rio
e a tua justiça como as ondas do mar.
A tua raça seria como a areia;
os que saíram de tuas entranhas, como os seus grãos!
O seu nome não seria cortado nem extirpado diante de mim.
Sai da Babilônia, fugi dentre os caldeus,
com vós de júbilo anunciai, proclamai isto,
espalhai-o até os confins da terra.
Dizei: Senhor redimiu o seu servo Jacó.
Eles não tiveram sede quando os conduziu pelo deserto,
Porque ele fez brotar água da rocha para seu uso,
fendeu a rocha e a água jorrou.
Mas para os maus não há paz, diz o Senhor (Is 48).

A rejeição é uma desgraça muito grande presente no mundo de hoje, marcado pela cultura do descarte de coisas e pessoas. Nós consagrados devemos rebelar-nos contra essa cultura, especialmente entre nós, se excluímos com palavras, com críticas, com calúnias, embora a pior e mais dolorosa rejeição seja a indiferença.

Devemos excluir do nosso dicionário humano e espiritual a palavra rejeição e substituí-la pela palavra acolher e integrar.

A noite da rejeição

A rejeição é igualada a uma noite em que não se vê o caminho da luz. É urgente reagir à noite com a luz da doçura e do amor; mesmo quando somos claramente rejeitados, não podemos fechar-nos em nós mesmos, mas recordar-nos das palavras do Evangelho, do Salmo 117 (118),22: "A pedra rejeitada pelos construtores tornou-se a pedra angular", pedra fundamental que sustenta todo o edifício.

As noites não são castigo e não se devem considerar como aspectos negativos do caminho espiritual. São como o seio onde se forma a luz e se espera o surgir da aurora.

Devemos compreender que o que nos leva a recusar os outros é o egoísmo e o orgulho. Vencidos esses dois pecados que se escondem em nós mesmos sob a aparência de virtude, entramos no caminho da paz e do acolhimento.

Não recusar, acolher com amor

Deus nos acolhe sempre e não nos rejeita jamais; antes, ele mesmo vem em primeiro lugar nos procurar para nos amar com ternura e misericórdia. Assim, também nós, como Jesus, devemos ser capazes de acolhimento, de amor e de cuidado primoroso para com nosso próximo, como nos recorda o evangelista Lucas no capítulo 15 do seu Evangelho. Um texto bíblico — este de São Lucas — muito apropriado para refletir sobre a alegria do acolhimento e a tristeza da recusa dos nossos irmãos e irmãs. Trata-se das três parábolas da Misericórdia: a ovelha perdida, a dracma perdida e o Pai misericordioso.

6
FALAR BEM E FALAR MAL

A palavra doce atrai e cria laços de amizade, de unidade e fraternidade. O Senhor nos deu dois olhos para ver o bem e o mal, dois ouvidos para ouvir o bem e o mal e uma língua para louvar e bendizer e jamais maldizer a Deus e aqueles que caminham conosco. Iniciemos com a palavra que o apóstolo Paulo dirige à comunidade de Éfeso e que nos animam a bendizer e a nos conscientizar de que as nossas palavras podem edificar a comunidade ou destruir a harmonia entre nós.

> Não saia de vossos lábios nenhuma palavra inconveniente, mas, na hora oportuna, a que for boa para a edificação, que comunique graça aos que a ouvirem. E não entristeçais o Espírito Santo de Deus, pelo qual foste selado para o dia da redenção. Toda amargura e exaltação e cólera, e toda palavra pesada e injuriosa, assim como toda malícia, sejam afastadas de entre vós. Sede bondosos e compassivos uns com os outros, perdoando-vos mutuamente, como Deus em Cristo vos perdoou (Ef 4,29-32).

É uma grande graça e alegria poder espalhar ao nosso redor boas palavras para todos; quando não é possível falar bem de alguém, deve-se procurar sempre desculpar a intenção ou permanecer em silêncio, que é caridade e cobre uma multidão de pecados. Falar bem do outro é bendizer, ousaria dizer que em todos os livros da Bíblia tanto no Novo como no Antigo Testamento encontramos esta linha de conduta. Em qualquer situação moral que se encontra o irmão ou a irmã da nossa comunidade deve ser amado, respeitado e ajudado a corrigir-se e retornar ao amor de Deus e reinserido na comunidade.

Caminhando, como em um jardim, especialmente dentro dos livros sapienciais da Bíblia — Salmos, Sirácida, Provérbios, Sabedoria —, encontramos diversos textos que nos ajudam a descobrir a força da boa palavra que adoça, abre a porta do coração e opera a conversão.

Uma comunidade religiosa deve ser o lugar da valorização do outro com a palavra que ajuda e não destrói, que aproxima e não afasta ninguém.

Falar bem do outro deve ser feito com sinceridade, sem fins egoístas ou manipulações a fim de obter privilégios. Não se vive em comunidade sujeitando-se a relações de dependência, em que se fala bem por conveniência, porque se quer atingir certa posição. A sinceridade e a simplicidade são o fundamento da convivência dos irmãos e irmãs que decidem cooperar juntos no anúncio do Evangelho e na edificação de um mundo mais humano, sem guerra e sem discriminação.

> Um coração sábio tem fama de inteligente,
> a doçura dos lábios aumenta o saber.
> Fonte de vida é a sensatez para quem a possui,
> a disciplina dos estultos é a estultícia.
> O coração do sábio faz sua boca sensata,
> e seus lábios ricos em experiência.
> As palavras amáveis são um favo de mel:
> doce para o paladar e força para os ossos (Pr 16,21-24).

Uma palavra doce abre o caminho e a porta do coração. Não é só caridade, mas também educação social; conversamos com os outros todos os dias, temos necessidade de comunicar-nos, "a língua fala do que o coração está cheio, onde está nosso tesouro aí está o nosso coração".

Desejo revelar um segredo que sempre me ajudou e jamais me desiludiu. Como podemos conhecer os outros? Se quiseres conhecer uma pessoa, seus interesses, sua fé, seus ideais, permanece alguns dias próximo a ela em silêncio e deixa que fale e conte o que quiser. Após pouco tempo não será difícil descobrir, mesmo sem fazer-lhe pergunta, como vive a sua fé, quais são seus interesses políticos, como vai sua família, qual o seu temperamento... A palavra revela quem somos e como devemos nos comportar se quisermos ser semeadores de esperança, comunhão e unidade. Não podemos semear palavras de ódio, divisão e luta. As palavras são sementes que um dia ou outro produzirão frutos.

É uma benção de Deus encontrar pessoas plenas de entusiasmo, com bons olhos que sabem valorizar todos e jamais usam a arte da palavra para destruir e desacreditar.

O amor não faz exceção nem exclusão.

Não se pode amar a Deus que não se vê e não amar o irmão que vemos sempre. Esta incoerência do amor cria relações não autênticas. Ao falar bem do outro não se erra jamais; se for necessário corrigi-lo, a maneira melhor é não lançar-lhe ao rosto seus erros e pecados, pois já os conhece, mas espargir em suas feridas o bálsamo da ternura e do amor que não julga. Fazer-lhe descobrir suas capacidades escondidas e a alegria que poderia experimentar e comunicar se frutificasse seus talentos.

A maledicência, a calúnia, a difamação, a certeza daquilo que ouvimos, sem verificar, prejudica a serenidade das relações e cria antipatias que impedem a alegria de viver juntos na caridade fraterna. O apóstolo Paulo escreve à comunidade de Éfeso: "Toda amargura e exaltação e cólera, e toda palavra pesada e injuriosa, assim como toda malícia, sejam afastadas de entre vós. Sede bondosos e compassivos uns com os outros, perdoando-vos mutuamente, como Deus em Cristo vos perdoou. Pois somos membros do seu corpo"[1].

Falando mal dos outros, da nossa comunidade, da nossa congregação, da família ou da Igreja, falamos mal de quem? Dos outros ou de nós mesmos? Eis o que São Tiago ensina à sua comunidade a esse respeito: "Não faleis mal uns dos outros, irmãos. Aquele que fala mal de um irmão ou julga o seu irmão fala mal da Lei e julga a Lei. Ora, se julgas a Lei, já não estás praticando a Lei, mas te fazes juiz da Lei. Só há um legislador e juiz, a saber, aquele que pode salvar e destruir. Tu, porém, quem és para julgares o teu próximo?" (Tg 4,11-12).

Não maldizei a ninguém.

No Evangelho de Lucas lemos, em vez disso, o ensinamento direto de Jesus sobre o amor fraterno que deve estender-se também aos inimigos.

> Ai de vós, quando todos vos bendisserem, pois do mesmo modo seus pais tratavam os falsos profetas.
> Eu, porém, vos digo a vós que me escutais: Amai os vossos inimigos, fazei o bem aos que vos odeiam, bendizei os que vos amaldiçoam, orai por aqueles que vos difamam. A quem te ferir numa face, oferece a outra, a quem te arrebatar a capa, não recuses a túnica. Dá a quem te pedir e não reclames de quem tomar o que é teu. Como quereis que os outros vos façam, fazei também a eles. Se amais os que vos amam, que graça alcançais? Pois até mesmo os pecadores amam aqueles

---

1. Efésios 4,1–5,31-32: "Exorto-vos, pois, eu, o prisioneiro do Senhor, a andardes de modo digno da vocação a que fostes chamados: com toda humildade e mansidão, com longanimidade, suportando-vos uns aos outros com amor, procurando conservar a unidade do Espírito pelo vínculo da paz. Há um só corpo e um só Espírito, assim como é uma só a esperança da vocação a que fostes chamados; há um só Senhor, uma só fé, um só batismo; há um só Deus e Pai de todos, que é sobre todos, por meio de todos e em todos [...]. Toda amargura e exaltação e cólera, e toda palavra pesada e injuriosa, assim como toda malícia, sejam afastadas de entre vós. Sede bondosos e compassivos uns com os outros, perdoando-vos mutuamente, como Deus em Cristo vos perdoou".

que os amam! E se fazeis o bem aos que o fazem a vós, que graça alcançais? Até mesmo os pecadores emprestam aos pecadores para receberem o equivalente. Muito pelo contrário, amai vossos inimigos, fazei o bem e emprestai sem esperar coisa alguma em troca. Será grande a vossa recompensa, e sereis filhos do Altíssimo, pois ele é bom para com os ingratos e com os maus (Lc 6,26-35).

Estas palavras de Jesus podem ajudar-nos a compreender qual é a missão daqueles que escolhem o Evangelho como regra de vida, e escolhem Cristo como único modelo de seu agir. Bendizer sempre e jamais maldizer, falar sempre bem dos outros, e quando necessário corrigir com doçura e misericórdia, saber ver com olhos de amor as pequenas sementes de bondade lançadas no coração de todos e cultivá-las para que possam dar frutos em abundância.

O único que devo maldizer é o mal e o diabo. Só o mal e o maligno são dignos de rejeição: o mal, mas não quem pratica o mal, o diabo, e não aquele que cai na tentação do diabo. Falar bem dos outros é amor e caridade e não falar de si mesmo é humildade, porque se os frutos são bons falam por si sem necessidade que nós exibamos o bem que fizemos.

Na vida religiosa e na Igreja falar bem não é opcional, mas um dever de amor. Muitas vezes, quando falamos mal dos outros ou ouvimos falar mal dos outros, somos imparciais e erramos em nossos juízos. São Tiago disse claramente que julgar o irmão significa *julgar* a lei.

Ver (verificar), não ter pressa de julgar

Recordo-me que uma vez, cheguei a uma comunidade já fornecido com uma lista dos defeitos das pessoas, poucos milagres e muitos pecados. No primeiro dia todos vieram falar-me mal dos outros. Ouvi e não respondi. Empenhei-me em ver, verificar, dar tempo ao tempo antes de tomar decisões ou crer em tudo. Assim tive a alegria de constatar que oitenta por cento do que me haviam dito não era verdadeiro, eram somente impressões suscitadas por simpatias e antipatias. Falar bem é sempre uma atitude de misericórdia e de bondade; é necessário ter paciência para ajudar a mudar atitudes e maneira de ser.

Falar mal do irmão não resolve

Falar bem do outro é procurar descobrir suas qualidades, o ouro escondido no coração, talvez sob uma montanha de sujeira ou de pó; é uma grande graça do Senhor (do Espírito), porque sozinhos não conseguimos discernir todo o bem, mas só com a força de Deus que é amor e quer que ninguém se perca. Falar mal do irmão é uma desgraça que rompe a harmonia e a alegria de viver juntos e construir muros que não são fáceis de derrubar. Talvez valha a pena compreender o que é que nos induz a falar mal dos outros. Às vezes é o desejo de nos colocarmos em evidência diante dos superiores e o fazemos desvalorizando os outros. Às vezes julgamos nos outros os defeitos que não admitimos tê-los nós mesmos. A nossa incapacidade de realizar-nos e uma escondida frustração que nos torna maliciosos e maldizentes nos faz ver em tudo sementes do mal, do ódio. Falar mal dos outros é um esporte sujo que jamais pode dar resultados favoráveis e muitas vezes se torna como que um bumerangue que retorna sobre quem o lançou.

Charles Chaplin disse: "Criticar-te-ão sempre e falarão mal de ti, dificilmente encontrarás alguém que se agrade contigo como és. Portanto vive, faz o que diz teu coração. A vida é como uma peça de teatro para a qual não há prova inicial. Canta, dança e vive intensamente cada dia antes que as cortinas se fechem e a peça termine sem aplausos..."

Há um provérbio indiano que diz: "Se paras toda vez que ouves latir um cão, não chegarás jamais à meta. Mas o ladrar do cão traz medo e deve ser enfrentado, assim quem fala mal com prazer de falar mal, de atacar e destruir, é um inquieto e doente, tem necessidade de compreensão, mas deve também ser 'neutralizado' para não fazer mal a quem quer ser feliz".

A quem possui o mau hábito de falar mal dos outros podem ser úteis alguns pequenos conselhos que ajudam a libertar dessa terrível enfermidade. O remédio não se encontra na farmácia ou no supermercado, mas dentro de nós, na mudança de mentalidade, no adquirir um olhar límpido e ouvido purificado, na memória livre, apaixonada pelo bem dos irmãos e das irmãs.

1. Habituar-se a ser feliz com aquilo que somos e temos e, como diria Santa Teresa d'Ávila, ter grandes ideais e não ser como as galinhas com asas cortadas, que não podem voar. Ver as pequenas ou grandes virtudes do nosso próximo e alegrar-nos com as pequenas vitórias de todos.

2. Falar mal dos outros não melhora jamais a nossa vida, a torna mais triste e agressiva a ponto de caminhar com a cabeça erguida sem medo do que fazemos ou dizemos. Quem fala mal do outro fere a si mesmo e quando cai encontra-se só, sem auxílio de alguém que lhe estenda a mão para erguê-lo.

3. Dar mais atenção à escuta do que ao falar. Escutar é procurar a verdade juntos, não só ver um ângulo da janela colocando-se em frente para dominar todo o panorama.

4. Quem fala mal do outro quer estar no centro da atenção, portanto tem necessidade de saber os últimos mexericos e deve ter uma grande criatividade para falar de "coisas ocultas, privadas, ou de alguém que sabe e me contou que…". Lentamente descobre-se que é ele quem possui uma imaginação fecunda a ponto de inventar e supor com base em suspeitas. É muito melhor não procurar estar no centro das atenções e não se dar a responsabilidade de difundir mexericos!

Na vida de São Filipe Neri, que sabemos que foi um santo excêntrico e muito humorista, conta-se que uma mulher foi confessar-se de ter falado mal dos outros e Filipe, com seu estilo tranquilo e bom, lhe disse: "Não é nada de grave, paciência! Por penitência vai para casa e mata um frango para o P. Filipe e depois vem despenando-o de casa até à Igreja".

Era inverno e ventava…

A mulher fez como o Pe. Filipe havia dito e retornou com o frango depenado. Pe. Filipe agradeceu com um sorriso e lhe disse: "Agora deve cumprir a segunda parte da penitência, retorna à tua casa e recolhe todas as penas do frango depenado".

A mulher ficou assombrada e disse: "Padre Filipe, com esse vento é impossível encontrar as penas e cumprir esta segunda parte da penitência".

Pe. Filipe respondeu: "Assim, recorda de que quando falas mal de alguém não podes retirar a palavra que dissestes".

5. Assumir a responsabilidade dos próprios erros. Quem fala mal dos outros normalmente é incapaz de assumir a responsabilidade dos próprios erros e culpa os outros por seus fracassos e incapacidade.

São pequenos conselhos como remédios salutares que podem ajudar a nos libertarmos da mania desastrosa de falar mal dos outros e assumir a boa atitude de inserir em nossa fala palavras de encorajamento, primeiro para nós e também para quem ouve.

7
CORREÇÃO FRATERNA E AGRESSIVIDADE

Chegamos, talvez, ao coração da vida religiosa. Ao essencial que deve ser recuperado com alegria se quisermos viver uma vida de amor, simplicidade e fraternidade. Sem a alegria da correção fraterna dada e recebida não crescemos na vida espiritual e em nenhuma profissão.

Creio que devemos começar a ter o Evangelho diante dos olhos e no coração. Todo o anúncio de Jesus é reconciliação, correção fraterna plena de amor e delicadeza. Jesus jamais corrige para ferir, mas para curar.

Após tantos anos de leitura amorosa da palavra de Deus, parece-me poder dizer que a Bíblia é o livro onde encontramos sem esforço a via do Espírito traçada para nós, para sermos felizes, um caminho para fugir da pirâmide do nosso poder e da escravidão e caminhar na liberdade da alegria da vida em comum. Nada é mais útil para crescer na vida humana e espiritual como a correção que deve sempre ser vista como o gesto mais belo de alguém que nos quer bem, que nos ama e por isso nos chama a atenção diante de nossas faltas, convidando-nos a tomar precauções a fim de não recair.

Na espiritualidade da vida monástica oriental dá-se muita importância ao ancião, que poderemos chamar de mestre ou diretor espiritual; não é uma pessoa que acumula doutrina e cultura, mas um irmão mais velho que, tendo experiência da vida e conhecendo o caminho e as dificuldades, nos indica como crescer e não recair.

A correção fraterna é o caminho da alegria e da cruz. É o instrumento para poder ajudar o irmão ou a irmã que se desviou do caminho a refletir para retornar à verdade. Omitir a correção é cometer injustiça e tornar-se cúmplice de um pecado.

A correção deve ser motivada só pelo amor e pelo sentido de justiça, não por sentimento de antipatia. Corrigir alguém porque me aborrece com seu modo de viver, com seu pensamento, por polêmica ou sentimento de agressividade não é caridade.

Olhemos sempre o exemplo dos santos, entre os quais João da Cruz, que jamais se deixou amedrontar pelos outros e soube corrigir com suavidade, mas nos adverte que não nos devemos "imiscuir" naquilo que não nos interessa ou que não serve para o bem comum. A correção nasce do amor e deve fazer nascer o amor. Interessar-se por aquilo que pertence ao próximo por curiosidade ou vaidade para se passar, depois, por mestre, não vem de Deus. A correção fraterna é uma alegria que nasce da cruz e do amor.

A correção fraterna deve sempre ser feita com prudência, justiça, doçura, jamais com agressividade ou com palavras que possam produzir efeitos contrários. Corrigir não é um dever dos superiores, mas do irmão que ama. Diante da falta do irmão, cada um de nós, seguindo o método do Evangelho, deve corrigir o outro — tanto o mais ancião como o mais jovem.

É uma alegria corrigir os outros com a intenção de ajudá-los a se libertar daquilo que impede a maturidade humana e espiritual; contudo, maior ainda é a alegria de ser corrigido desejoso de que alguém, movido pelo amor para conosco, pelo desejo de ver-nos crescer na virtude, se aproxima de nós e nos exorta a mudar atitudes de vida e nos corrigir.

A correção fraterna é sempre um ato de amor que não difunde os erros dos outros, mas que procura, no entanto, com extrema delicadeza, ocultá-los, a fim de dar a possibilidade a quem errou de ser reabilitado na vida comunitária.

Na vida religiosa

Na Igreja, no Direito Canônico, lei fundamental, e nas Constituições da família religiosa, são dedicados alguns artigos à correção fraterna, que nem sempre é praticada e, onde é praticada, nem sempre é realizada com amor e delicadeza. É necessário grande amor e respeito à pessoa que, quando corrigida em segredo, com amor, sem polêmica e agressividade, não nega jamais os próprios erros.

Quanto à modalidade da correção fraterna, a última coisa que devemos fazer é recorrer à força da lei. O primeiro passo a seguir é o da delicadeza, da ternura e da compreensão, como o beijo dado pelo pai que acolhe o filho que havia partido: vendo-o retornar, o abraça e faz festa, com alegria (cf. Lc 15,11ss).

"Não quero a morte do pecador, mas que se converta e viva". É este o espírito que deve orientar a nossa vida de comunidade, de Igreja e de humanidade.

Antes de corrigir os outros e repreendê-los devemos examinar a nós mesmos, corrigir-nos para não cairmos nos mesmos erros que queremos corrigir nos irmãos.

Desejo ainda dizer que, quem ama ser correto, está sempre atento a tudo o que os outros dizem para angariar benefícios para si mesmo e para os outros, sem, contudo, atentar para quem corrige, e sim para aquilo que diz.

Um fato que me ensinou

Recordo um fato de quando morava no Brasil, na cidade de São Roque. Celebrava a Santa Missa todos os domingos na Igreja paroquial de São Roque e quase sempre estava diante de mim um bêbado que se chamava Patrício. Uma vez, mais bêbado que habitualmente, perturbava a celebração e desejaram mandá-lo para fora da igreja e eu me opus. E disse:

"Deixe-o tranquilo, também ele reza a seu modo e louva a Deus". Após a leitura do Evangelho enquanto iniciava a homilia, Patrício disse em voz alta, quase gritando:

"Frei Patrício, hoje quero fazer eu a homilia".

Todos começaram a rir e queriam que se calasse. Chamei-o ao altar e lhe disse:

"Está bom, Patrício, fala primeiro e eu falarei depois de ti".

Patrício falou pouco, mas com sabedoria:

"Irmãos, vocês sabem que eu bebo e muito, que sou bêbado, mas vos digo: não bebam, beber faz muito mal".

E voltou ao seu lugar.

Retomei a palavra dizendo que não era necessário fazer a homilia porque Patrício a havia feito dizendo-nos uma coisa importante: corrigiu com doçura os nossos defeitos, que não são só beber. Um avaro pode nos corrigir sobre nossa avareza, um ladrão pode nos convidar a viver honestamente, um dissoluto a viver a castidade. Não devemos ver se quem nos admoesta vive ou não vive, mas se o que diz é verdadeiro ou não.

O mesmo vale para a correção fraterna: não devemos fixar nossa atenção em quem nos convida à nossa correção, mas naquilo que ele diz, e colocar isso em prática. Não se deveria ter medo de corrigir. O Senhor que deu coragem ao profeta Natã para corrigir Davi, a Isaías, a Jeremias, a Elias para corrigir os reis e sacerdotes, também nos dará coragem para nos corrigirmos uns aos outros.

Se a correção fraterna feita com humildade e discrição produz alegria, do mesmo modo a correção agressiva produz revolta.

A correção agressiva gera revolta

Se o Espírito Santo nos inspira a corrigir quem erra, devemos fazer isso sempre com compaixão, amor, delicadeza, ternura, jamais com agressividade e com sarcasmo que fere. A pessoa corrigida à força, com a rigidez da lei, sente-se, pelo seu erro, à berlinda e evitada por todos; fecha-se em si mesmo, isola-se, não quer ver mais ninguém e às vezes se refugia ainda mais no seu mundo de erro.

Se quem errou se sente abraçado por Deus e pelos irmãos, retoma a coragem e se anima a enveredar pelo caminho do bem. É uma grande graça de Deus. A correção dura, agressiva, realizada sem doçura, de modo humilhante e em força da lei é uma desgraça que Deus não quer. Isto não significa negar a importância da severidade na correção, mas pode-se ser severo, exigente e, ao mesmo tempo, amoroso; e pode-se ser afetado, com falsidade e sem amor.

Na vida religiosa há a alegria de viver em comum não porque somos perfeitos, mas porque somos pecadores e, para não ser mais do que já o somos, temos necessidade de que o irmão e a irmã com os quais caminhamos, se tornem, para nós, um bastão onde apoiar-nos, uma mão que nos erga em nossas quedas. Como é bela a parábola do bom samaritano; considero-a uma pedagogia do encontro e da cura, outro aspecto da correção que socorre aquele que errou como alguém que estava depredado e ferido pelo próprio erro. E sobre a ferida não se coloca sal e pimenta, mas óleo e vinho que desinfeta e alivia.

Para compreender a importância da doçura na correção, não temos necessidade de ir ao psicólogo ou ao psicanalista. Basta ajoelhar-se diante do sacerdote e pedir o perdão de Deus para experimentar a sua misericórdia. É necessário aprender também a ajoelhar-se diante do irmão ou da irmã para pedir-lhe perdão. Não se corrige jamais com a face que recorda mais o inferno que o paraíso, ou que recorda mais a inquisição ou o tribunal do que a festa da misericórdia e do amor. Para compreender melhor as duas faces da correção, agressiva e misericordiosa, parece-me preciosa a meditação amorosa do trecho evangélico que narra o episódio da mulher adúltera (Jo 8 1,11).

Os fariseus, doutores da lei, queriam corrigir o adultério da mulher envergonhada condenando-a à lapidação, assim pensavam em eliminar o pecado e a pecadora. Um método triste que também não está muito longe de certas atitudes nossas na vivência da vida religiosa, quando se provê a expulsão da ordem, ou se aplicam punições como privar um religioso ou religiosa da voz ativa e passiva nas decisões comunitárias. Não creio muito na utilidade deste método mesmo que em certos casos seja necessário como um último recurso para solucionar o problema.

Que método Jesus usa com a mulher adúltera? O amor e a misericórdia, diante dos quais a mulher não se sente julgada nem mesmo condenada.

"Mulher, ninguém te condenou?"

"Não, Senhor."

"Eu também não te condeno. Vai em paz e não peques mais."

Creio que a mulher foi em paz e não pecou mais. Como a Igreja declarou santo o bom ladrão que na cruz ao lado de Jesus crucificado, antes de morrer, lhe pediu que se recordasse dele quando estivesse em seu reino, assim deveria ser declarada santa a "adúltera" que Jesus não condenou e não julgou com aspereza e dureza, mas com amor. Portanto, nada nos impede de crer que a mulher adúltera tenha se convertido e seguido o convite do Senhor a não pecar mais.

8
UNIDADE E DESUNIÃO

A vida religiosa é lugar de união e cura de todo rompimento e discórdia. Escola de comunhão e não de discórdia. Viver juntos para mostrar a todos que é possível ser um só coração e uma só alma. A este propósito, é bom recordar a oração de Jesus — a oração sacerdotal (Jo 17) — na qual Jesus pede ao Pai que seus discípulos sejam um, como ele e o Pai são uma só coisa. A maior graça da vida religiosa é viver em unidade.

Ser um na multiplicidade é o maior desejo de Deus e do homem. Somos criados para a unidade e na unidade temos um só Pai, um só Espírito Santo, um só Senhor Jesus Cristo; mesmo que distintas, mas, iguais, as três Pessoas Divinas formam uma unidade perfeita. Só na unidade podemos ter a alegria e a paz.

De fato, falamos sempre de um e não de múltiplos.

Uma só videira e muitos ramos, todos chamados a dar frutos abundantes de paz e no amor.

Um só país e muitos cidadãos.
Uma só família e muitos membros.
Uma só Igreja e muitos fiéis.
Um só povo de Deus e muitas pessoas.
Um só Instituto de religiosos e muitos consagrados.
Um só corpo e muitos membros.
Uma só comunidade e uma só alma no amor.

A vida religiosa é um dom da Santíssima Trindade

Não devemos jamais esquecer de que, quando falamos da unidade e da comunhão, fixamos os olhos não nas comunidades terrenas, mas na comunidade divina eterna do Pai e do Filho e do Espírito Santo, onde tudo é união, comunhão de amor. Para compreender como viver nossas relações fraternas e nos comportarmos nas várias situações e estações da vida, é preciso estarmos imersos na Trindade e aprender a não buscar jamais nosso bem-estar e progresso pessoal, mas sempre o bem do outro e de todos, sabendo que a realização do outro é a nossa realização.

No Pai o Filho se realiza, e no Filho o Pai é plenamente si mesmo, e o Pai e o Filho se fundem no Espírito Santo e o Espírito Santo é a própria Vida no (do) Pai e no (do) Filho.

Por que escolhemos a vida comunitária? E por que o Senhor nos escolheu para manifestar a vida divina do céu aqui na terra? O que é que nos une? Só nos une a Pessoa de Jesus e nada mais. Quando nos unem as coisas materiais ou mesmo as obras de apostolado, cedo ou tarde surgem conflitos. Quando nos conscientizamos de que é Jesus que nos une, não entramos jamais em desacordo porque nele tudo encontra sentido e comunhão.

Só assim podemos compreender a graça de ser comunidade: não quando se aplainam as diferenças, não quando as diferenças são vistas como limite, e sim como riqueza e dom do amor de Deus para conosco peregrinos.

A mitologia nos conta de muitos deuses sempre em luta entre si para possuir o primado do poder como sinal de indiscutível superioridade. Não é assim na fé do Deus único que se revela a nós como Pai e Filho e Espírito Santo unidos em perfeita sintonia de amor e de comunhão, em que a obra de um é igualmente das outras pessoas.

A Trindade é escola de diálogo, de escuta.

Lemos no Evangelho a narração da transfiguração de Jesus sobre o monte Tabor onde o Pai convida toda a humanidade à escuta do Filho: "Este é meu Filho amado, escutai-o".

O Filho, por sua vez, nos revela que nele somos plenamente ouvintes do Pai: "Quem me enviou está comigo. Não me deixou sozinho, porque faço sempre o que lhe agrada" (Jo 8,29).

O Espírito Santo não cria divisões, ele nos dá ouvidos novos para ouvir a voz que vem do alto: "O Paráclito, o Espírito Santo que o Pai enviará em meu nome, vos ensinará e vos recordará tudo o que vos disse" (Jo 14,26). O Espírito é o guia interior que nos inspira para edificar a comunidade a caminho da unidade, ao qual foi revelado tudo o que Jesus nos disse: "Tenho ainda muito a vos dizer, mas não podeis agora suportar. Quando vier o Espírito da Verdade, ele vos conduzirá à Verdade plena, pois não falará de si mesmo, mas dirá tudo o que tiver ouvido e vos anunciará as coisas futuras" (Jo 16,12).

A graça de ser comunidade em escuta, unidos no amor a fim de superar todas as dificuldades e viver na harmonia, nos propósitos e nas obras.

Para compreender melhor a graça da comunhão fraterna como reflexo da vida Trinitária, pode nos ajudar a oração de Santa Elisabeth da Trindade, que imergiu no mistério de Amor das Três Pessoas Divinas, não fora, mas dentro de sua alma onde o silêncio se faz palavra e a palavra se faz adoração.

Ó meu Deus, Trindade que adoro

> Ó meu Deus, Trindade que adoro, ajudai-me a esquecer-me inteiramente de mim mesma para fixar-me em vós, imóvel e pacífica, como se minha alma já estivesse na eternidade. Que nada possa perturbar-me a paz nem me fazer sair de Vós, ó meu Imutável, mas que em cada minuto eu me adentre mais na profundidade de vosso Mistério. Pacificai minha alma, fazei dela o vosso céu, vossa morada preferida e o lugar de vosso repouso. Que eu jamais vos deixe só, mas que aí esteja toda inteira, totalmente desperta em minha fé, toda em adoração, entregue inteiramente à vossa ação Criadora.
>
> Ó meu Cristo amado, crucificado por amor, quisera ser uma esposa para vosso Coração, quisera cobrir-vos de glória, amar-vos... até morrer de amor! Sinto, porém, minha impotência e peço-vos "revestir-me de vós mesmo", identificar minha alma com todos os movimentos da vossa, submergir-me, invadir-me, substituir-vos a mim, para que minha vida seja uma verdadeira irradiação da vossa. Vinde a mim como Adorador, como Reparador e como Salvador. Ó Verbo eterno, Palavra do meu Deus, quero passar minha vida a escutar-vos, quero ser de uma docilidade absoluta, para tudo aprender de vós. Depois de todas as noites, todos os vazios, todas as impotências, quero ter sempre os olhos fixos em vós e ficar sob vossa grande luz; ó meu Astro amado, fascinai-me a fim de que não me seja mais possível sair de vossa irradiação. Ó fogo devorador, Espírito de amor, "vinde a mim" para que se opere em minha alma como que uma encarnação do Verbo: que eu seja para ele uma humanidade de acréscimo na qual ele renove todo o seu Mistério. E vós, ó Pai, inclinai-vos sobre vossa pobre e pequena criatura, "cobri-a com vossa sombra", vendo nela só o Bem-Amado no qual pusestes todas as vossas complacências.
>
> Ó meus "Três", meu Tudo, minha Beatitude, Solidão infinita, Imensidade onde me perco, entrego-me a vós como uma presa. Sepulta-vos em mim para que eu me sepulte em vós, enquanto espero ir contemplar em vossa luz o abismo de vossas grandezas.
>
> (Santa Elisabeth da Trindade, *NI* 15[1])

---

1. Cf. Nota íntima 15, in: *Obras Completas de Elisabeth da Trindade*. São Paulo: Loyola, 2022, pp. 616-620. (N. da R.)

A desgraça da desunião

Onde há desunião existe o mal e age o diabo, aquele que divide[2].

Um dia Jesus foi acusado de expulsar demônios em nome do príncipe dos demônios, Beelzebu, e aproveitou para dar um ensinamento magistral sobre a união e a desunião. Como pode o demônio expulsar demônios? Todos os reinos internamente divididos caem e se destroem. O maior pecado da comunidade é a desunião. Por que surge a desunião? Surge quando se insinua a luta pelo poder, quando há interesses materiais — o dinheiro, a autossuficiência ou o orgulho e a prepotência.

Também na máfia e nos grupos terroristas, quando há desunião, começa a autodestruição. Nisto não há diferença entre comunidade religiosa ou qualquer outro grupo. A desgraça da desunião gerou as heresias, os cismas, a ruptura da harmonia e do amor. A desunião traz consigo terríveis consequências, uma das mais graves é a cegueira que nos impede de ter um olhar sereno e objetivo para reconhecer a verdade. Na desunião, cada um procura defender-se a si mesmo e não os interesses comuns, desaparece a caridade cristã e muitas vezes também as normas da mais elementar educação social.

Por que nos dividimos? É só para nos defendermos a nós mesmos e não a verdade e a paz. Na desunião perdemos de vista a pessoa de Jesus, o carisma, a espiritualidade, a oração, tornando-nos duros e injustos em nossos juízos.

Devemos evitar as discussões estéreis e inúteis que nos afastam dos outros. Ter olhos, como dizia são João XXIII, para ver mais o que nos une do que aquilo que nos divide.

Temos direito de discordar e de ter pontos de vista diferentes, mas jamais de provocar divisões que se transformam, se não tomamos cuidado, em ódio e distância que não permitem sentir-nos irmãos e ajudar-nos reciprocamente.

---

2. Lucas 11,14-20: "Jesus estava expulsando um demônio que era mudo. Ora, quando o demônio saiu, o mudo falou e as multidões ficaram admiradas. Alguns dentre eles, porém, disseram: 'É por Beelzebu, o príncipe dos demônios, que ele expulsa os demônios'. Outros, para pô-lo à prova, pediam-lhe um sinal vindo do céu. Ele, porém, conhecendo-lhes os pensamentos, disse: 'Todo reino dividido contra si mesmo acaba em ruínas, e uma casa cai sobre outra. Ora, até mesmo satanás, se estiver dividido contra si mesmo, como subsistirá seu reinado?... Vós dizeis que é por Beelzebu que eu expulso os demônios, por quem os expulsam vossos filhos? Assim, eles mesmos serão vossos juízes. Contudo, se é pelo dedo de Deus que eu expulso os demônios, então o Reino de Deus já chegou até vós.'"

Se olharmos a história da vida religiosa, constatamos o quanto foi marcada pelas divisões internas. Certas cisões criaram atitudes de verdadeiro ódio, injustiças e sofrimentos sem fim.

Dou apenas o exemplo da Ordem Carmelitana, quando, em 1562, santa Teresa de Jesus, movida pela inspiração do Espírito Santo, decidiu sair do Mosteiro carmelitano da encarnação de Ávila para dar vida a um novo Carmelo, voltando às fontes do carisma, às origens dos primeiros monges do Monte Carmelo do qual adotou a Regra Primitiva, e encontrou resistência, obstáculos, críticas com as quais sofreu sem conservar ódio no coração e jamais denegrir o Carmelo. Assim aconteceu com João da Cruz que, incompreendido por seus próprios irmãos carmelitas, foi aprisionado no cárcere do convento de Toledo. Terminada esta prova humilhante, não conservou jamais ressentimento ou aversão, mas soube permanecer íntegro na oração e firme em seus propósitos de iniciar um novo estilo de vida baseado na oração, mortificação e pobreza.

Também nas provas e contrariedades é preciso conservar sempre a comunhão e não causar divisões.

Hoje nos dividimos com uma aparente educação, entretanto permanecem feridas no coração que impedem o perdão. Onde há divisões, há doenças, muros e incompreensões que tornam impossível a edificação de uma comunidade de comunhão.

9
SILÊNCIO E TAGARELICE

O silêncio é uma virtude divina e humana. É um nome de Deus que pode nos espantar, mas na realidade pode ser sinal de comunhão e respeito para com a criatura humana. O silêncio de Deus não é jamais agressivo, mas expressão de amor que fala sem palavras ao nosso coração. Existe uma busca de silêncio que não é isolamento, mas outro modo de fazer comunhão. É necessário esperar o momento oportuno para que a palavra clara e segura possa nascer para gerar vida plena. No silêncio está a nossa força, a capacidade de acolher e comunicar o incomunicável. Nem sempre Deus se comunica ao homem com palavras, mas muitas vezes com seu silêncio que, à semelhança de um espelho, nos faz ver quem somos nós. Também a Sagrada Escritura nos recorda que no muito falar não faltará pecado. Vivemos na sociedade da poluição das imagens e da palavra, temos medo do silêncio e talvez não nos perguntemos o porquê.

Em todas as vezes na minha vida em que tive medo do silêncio, isso se deu por três motivos:

1. Tive medo do silêncio quando tive medo de ouvir a voz de Deus nas profundezas de minha consciência e procurei imergir-me nas distrações e na escuta de todas as vozes possíveis, a fim de encontrar a mais conforme com as minhas ideias e modo de viver. Fugir do silêncio é fugir de Deus. Nossa alma, então, se torna como um terrível deserto, onde não há vida, harmonia ou paz. O próprio salmista, em sua belíssima oração sobre a presença de Deus (Sl 138), nos fala da sua tentativa de fugir dele: quanto mais tenta fugir, mais o encontra. "Para onde ir, longe do Teu sopro? Para onde fugir, longe da Tua presença?". Meditemos com amor e atenção este salmo que nos introduz na consciência de Deus e de nós mesmos.

Salmo 139 (138)

Senhor, tu me sondas e conheces:
conheces meu sentar e meu levantar,
de longe penetras o meu pensamento;
examinas meu andar e meu deitar,
meus caminhos todos são familiares a ti.

A palavra ainda não me chegou à língua
e tu, Senhor, já a conheces inteira.
Tu me envolves por trás e pela frente,
e sobre mim colocas a tua mão.
É um saber maravilhoso, e me ultrapassa,
é alto demais e não posso atingi-lo!

Para onde ir longe do teu sopro?
Para onde fugir longe da tua presença?
Se subo aos céus, tu lá estas;
se me deito no Xeol, aí te encontro.

Se tomo as asas da alvorada
para habitar nos limites do mar,
mesmo lá é tua mão que me conduz,
e tua mão direita me sustenta.

Se eu dissesse: "Ao menos a treva me cubra,
e a noite seja um cinto ao meu redor",
mesmo a treva não é treva para ti,
tanto a noite como o dia iluminam.

Sim! Pois tu formaste os meus rins,
tu me teceste no seio materno.
Eu te celebro por tanto prodígio,

e me maravilho com as tuas maravilhas!
Conhecias até o fundo do meu ser:
meus ossos não te foram escondidos
quando eu era feito em segredo,
tecido na terra mais profunda.

Teus olhos viam meu embrião.
No teu livro estão todos inscritos
Os dias que foram fixados
E cada um deles nele figura.

Mas, a mim, que difíceis são teus projetos,
Deus meu, como sua soma é grande!

> Se os conto... são mais números que areia!
> E, se termino, ainda estou contigo!
>
> Ah! Deus, se matasses o ímpio...
> Homens sanguinários, afastai-vos de mim!
> Eles falam de ti com ironia,
> Menosprezando teus projetos!
>
> Não odiaria os que te odeiam, Senhor?
> Não detestaria os que se revoltam contra ti?
> Eu os odeio com ódio implacável!
> Eu os tenho como meus inimigos!
>
> Sonda-me, ó Deus, e conhece o meu coração!
> Prova-me, e conhece minhas preocupações!
> Vê se não ando por um caminho fatal
> E conduze-me pelo caminho eterno.

A vida religiosa se nutre no silêncio, na paz, é um oásis onde se escuta a doce voz de Deus, que nos atrai no deserto porque quer falar ao nosso coração. O coração tem necessidade de silêncio e de paz para ouvir o chamado do Amado e para aprender a reconhecer sua voz também em meio ao ruído que rebomba dentro de nós.

O Silêncio de Deus pode ferir, mas depois cura. Tantas vezes encontramos nos salmos esta invocação: "Senhor, te chamo, te invoco, reponde-me, não me deixe na angústia". "Tenho medo — diz santo Agostinho — que Deus passe ao meu lado e eu não escute sua voz", porque é voz sutil. Quanto é importante recuperar o silêncio, a intimidade com Deus, o silêncio da oração, da adoração, da escuta da voz do amor.

2. Muitas vezes fugi do silêncio porque tive medo de mim mesmo. A palavra e os discursos, o barulho e a confusão se tornam o caminho perigoso que percorremos quando temos medo de confrontar-nos conosco mesmos e recusamos assumir o que somos e o fim para o qual nos dirigimos. Nestes momentos de crise pessoal ou de identidade vocacional, temos necessidade de encontrar espaços de silêncio, onde, com toda tranquilidade, devemos olhar profundamente nossa realidade humana.

O silêncio não é "anestesia", é atenção à voz da consciência que nos coloca diante de nossa história, na encruzilhada em que nos encontramos e na qual, antes de decidir aonde iremos, é preciso discernir, valorizando, observando e refletindo para empreender o caminho seguro.

Francisco de Assis, antes de encontrar Deus, se encontrou consigo mesmo na prisão de Perugia. Procurava sufocar a voz da consciência nas festas, divertimentos, luxo e vaidades. Os santos, ao entrarem em si mesmos e na escuta da difícil voz do silêncio, encontraram a via para encontrar Deus e os outros.

3. Fugi do silêncio quando tive medo dos outros. Quando tenho medo do confronto com os outros me armo com palavras para vencer o medo: é um erro. Aprendi que, antes de tudo, devo refugiar-me no silêncio para ouvir Deus, a minha consciência e o que os outros gritam contra mim. Neste caso o silêncio permite filtrar tudo no amor, na sabedoria, na prudência. Depois, pode-se dizer uma palavra gerada na calma, sem rancor e sem necessidade de reivindicar, mas no amor fraterno e na compreensão do outro.

Atualmente, os meios de comunicação, rápidos e ao mesmo tempo violentos e emocionais, não nos permitem refletir e nos obrigam a tomar decisões repentinas e passionais, com falta de sabedoria e pureza.

Recordo que havia sucedido algo desagradável na comunidade entre irmãos e era necessária uma decisão do Padre Geral. Escrevi um e-mail pedindo uma resposta de decisão urgente, rápida. Em uma hora fui uma dezena de vezes para ver se a resposta esperada havia chegado: era uma obsessão, um desiquilíbrio emocional que não me ajudava a decidir.

A decisão, a palavra fecunda, deve ser gerada no silêncio, temos necessidade de dias e às vezes de meses para que venha à luz.

O silêncio é uma chuva suave, uma rajada que fecunda e impede que se estrague a boa semente da caridade e da fraternidade.

O silêncio é como o sol: amadurece nas dificuldades e nos faz ver tudo com os olhos do amor, é o espaço para pensar antes de falar. O silêncio teme a discussão agressiva, a polêmica, não defende posições e ideologias, mas só a Verdade, a justiça e a paz.

O silêncio da caridade cobre uma multidão de pecados, não espalha a semente do joio e da maledicência, mas age no silêncio com a caridade revelada e ensinada no Evangelho.

O silêncio sabe esperar o momento justo e oportuno para dizer a verdade como benção. Sim, porque se pode dizer a verdade também com maus modos, que não edificam, não curam as feridas, não confortam e criam abismos de divisão cada vez mais profundos até tornarem-se insuperáveis.

Sinal positivo

Na Sagrada Escritura, especialmente no Evangelho, há diversos sinais com sabor doce e amoroso de respeito. O silêncio precede sempre a palavra.

O silêncio positivo se manifesta na serenidade do semblante, na calma dos gestos, no olhar, na postura, no modo de caminhar, em tudo aquilo que somos. Um silêncio positivo pode ser experimentado na participação dos atos comunitários: recreação, refeitório ou reuniões. Não tomar a palavra naquela ocasião não quer dizer desinteresse ou isolamento. Pretender que todos tomem a palavra e que exprimam seu juízo a todo custo é uma violência à consciência do indivíduo.

O dom do silêncio é uma graça na vida fraterna em comunidade.

Silêncio negativo

Pode haver, também, um silêncio negativo por parte da pessoa nervosa, descontente, agitada. Percebe-se em seu modo de agir, de fechar uma porta... Nota-se em sua oração, no seu olhar que fere e não comunica paz e tranquilidade. Percebe-se um silêncio que afasta, constrói muros e cria divisões interiormente, na missão ou na comunidade.

É um silêncio que não comunica seus sucessos ou seus fracassos, que se fecha em si mesmo e foge do convívio alegando vários empenhos fictícios que são álibis para estar ausente na edificação da comunidade.

Este silêncio negativo dá espaço a individualismos e cria comunidades virtuais através dos meios de comunicação. Pode-se passar um dia inteiro sem um contato fraterno em comunidade e, ao mesmo tempo, falar com todo mundo através das comunicações virtuais que, lentamente, empobrecem-nos de relações mais próximas, como do amor dos que estão mais perto. O amor longínquo, por mais gratificante e belo que possa parecer, é sempre um amor distante que não garante a comunhão, nos priva da qualidade e dos limites providenciais e formativos da convivência.

Então, é útil perguntarmo-nos: meu silêncio é negativo ou positivo? Por que fujo do silêncio? Qual é o medo que habita minha interioridade: medo de Deus, de mim mesmo, dos outros?

O terrorismo das tagarelices

O papa Francisco, várias vezes em seus encontros com os religiosos, definiu a tagarelice na vida religiosa como um "terrorismo".

Essa palavra pode parecer dura, talvez não condizente com a vida consagrada; no entanto, analisando-a bem, é uma realidade: é preciso evitar com todo esforço as tagarelices que ferem a alma e também o corpo que se ressente com o sofrimento interior. Vimos como o diálogo, a comunhão e a unidade são uma grande graça da vida religiosa; assim, as tagarelices são um mal que nos impede de ser sinais do testemunho do Amor e da Presença de Deus na Igreja e no mundo.

Mas o que é a tagarelice? Não é o desabafo compreensível, feito com pessoas confiáveis que sabem guardar a confidência, que são prudentes e que ajudam a superar o problema, a caminhar e amadurecer na vida espiritual.

A tagarelice é uma "coceira na língua" que não permite que nos aquietemos, mas produz uma agitação morbosa com necessidade de comunicar logo as indiscrições ouvidas, sem verificar se seu conteúdo é verdadeiro ou não. O importante é lançar a bomba: não importa quantas serão as mortes — como faz o terrorista que em certos casos escolhe morrer junto às suas numerosas vítimas. Se sobrevive, goza e ri da desgraça dos outros. O falador ou a faladeira não tem nada a fazer o dia todo, então perambula de uma parte a outra para saber "as novidades", o que se passou, os que vieram ou não vieram, o "disse ou não disse". A que horas saiu e quando retornou, se estava só ou com alguém... Perguntas que se assemelham à lenha seca no fogo da tagarelice, acrescenta-se ou diminui-se como melhor lhe convém.

A tagarelice prejudica a fama da pessoa e, ainda pior, sufoca o amor de Deus no coração do homem.

O Evangelho nos ilumina quando admoesta: "Por que reparas no cisco que está no olho do teu irmão, quando não percebes a trave que está no teu?" (Mt 7,3).

O tagarela passa sempre pelo "bem informado"; há seus informantes, entre eles a própria mídia, que lhe informam o que alguém come, quanto come, o que bebe e não só quanto bebe como também a marca e o preço do vinho...

É bom, antes de falar e expressar juízos, verificar sempre a fonte e a veracidade da notícia, mas isso não basta. Devemos primeiro perguntar-nos para que serve aquilo que contaremos? E em que ajuda? Ou prejudica a fama das pessoas e dos outros?

Não somos tagarelas inocentes e jocosos, somos como granadas que, aonde chegam, destroem e matam. As tagarelices muitas vezes têm aparência de sutil "insinuação" que desperta a malícia em quem escuta a ponto de começar a observar aquilo a que antes não dera importância. As tagarelices são sempre uma forte tentação à curiosidade e um banquete para a maledicência.

O apóstolo Tiago recomenda o cuidado em dominar a língua. Um pequeno piloto dirige uma grande nave, assim, se o homem não é capaz de dominar a sua língua, suas palavras são como centelhas que incendeiam uma floresta inteira. A centelha não é grande, às vezes é apenas perceptível, pequena, mas contém em si o poder de destruição: assim é uma tagarelice. O tagarela não reflete, não filtra o que diz e, dominado pela inveja e pela soberba, quer destruir a carreira, a fama e o bom nome do outro.

No livro do Sirácida[1] há um belíssimo trecho que pode nos ajudar a compreender o mal que há na tagarelice e as suas consequências, e diz com determinação que devemos prevenir-nos a nós mesmos. Muitas comunidades eclesiais e religiosas se destroem e se desunem por força das tagarelices, e se tornam semelhantes a um cestinho de lixo.

É sinal de urbanidade, além do respeito fraterno, evitar e se manter distante das tagarelices.

Devemos evitar a tagarelice que destrói a imagem de Deus e a boa fama do outro que depende de nós, devemos comportar-nos sempre com dignidade sabendo qual é a nossa missão e, como diz o apóstolo Paulo, não dar aos outros motivos de escândalo e julgar-nos indignos de nossa missão.

Ainda a pedagogia criativa de são Filipe Neri

Conta-se deste santo que era um bom diretor espiritual, bom confessor, bom brincalhão e humorista, mas não conseguia ler, para decepção de santo Inácio de Loyola, o livro dos exercícios espirituais cujo santo espanhol era o autor. À pergunta do autor porque Filipe não havia lido, respondeu: "É muito difícil para minha cabeça e muito sério para mim".

Dizia-se, então, que havia uma mulher que desejava muito litigar e falar mal de todos, que não conseguia deixar sua língua tranquila e freada. Um dia Filipe lhe

---

1. Sirácida 5,14–6,1: "Não te faças chamar de caluniador, não armes uma emboscada com tua língua, porque se para o ladrão existe a vergonha, para o fingido existe uma sentença pior. Evita as faltas tanto nas grandes como nas pequenas coisas, e de amigo não te tornes inimigo. Porque herdarás má fama, vergonha, opróbrio; assim acontece com o pecador de palavra dúplice".

disse: "Tenho um remédio para isso: antes de falar morde a língua, depois coloque na boca um gole de água, mas não deve engoli-lo, mantenha-o na boca toda vez que deseja discutir ou falar mal dos outros".

A mulher disse que o havia feito, mas na prática era muito difícil, e voltou ao santo para manifestar-lhe sua dificuldade.

O santo, rindo, lhe respondeu: "Só assim se consegue dominar a vontade de discutir e falar mal: dominando a própria língua que é o pior e o mais indomável membro do nosso corpo".

Depois, devemos ser também inteligentes, ter a certeza de que se falamos mal dos outros em sua ausência os outros falam mal de nós em nossa ausência.

10
PROMOVER E NÃO CRITICAR

A missão da vida religiosa não pode dar frutos se, pelo pessimismo e pela crítica, estamos convictos de que tudo vai mal e nada vai bem. Somos chamados a ter pureza de olhar para ver o bem, promovê-lo com todas as forças e, quando formos chamados a dar nosso parecer crítico, é preciso manifestá-lo com tamanha delicadeza que o outro se sinta feliz pela crítica e estimulado a fazer melhor.

Não sei se minha conclusão é correta ou não. Aos exegetas que conhecem o significado de cada vírgula do Evangelho deixo a última palavra. Parece-me que Jesus não tenha jamais apostrofado uma pessoa diretamente como fez o profeta Natan enviado por Deus para fazer o rei Davi tomar consciência do seu pecado. Natan, apontando o dedo para o rei, lhe disse: *"Tu és este homem..."*. Davi se converte. Normalmente, a pedagogia de Jesus é outra. A misericórdia e a ternura não passam pela lei, mas pelo amor. Jesus promove a pessoa e a faz ver suas capacidades, potencialidades e a necessidade de sair do pecado para ser feliz.

Faz isto com Nicodemos, com a pecadora, com a mulher adúltera, com Pedro, com os discípulos, com Zaqueu, com Levi e com todos. Jesus fustiga o pecado e os pecadores coletivamente, mas não como indivíduos.

O religioso tem uma maravilhosa missão: animar, integrar, promover e proteger todos aqueles que encontram em seu caminho. Somos bons pais, boas mães, bons educadores que sabem apreciar os esforços que os mais jovens ou mais velhos que caíram fazem para se levantarem e serem bons?

A única vez que estamos em condição de olhar do alto para baixo é quando devemos abaixar-nos e estender a mão para ajudar quem está caído, ou lavar os pés do irmão. Não se podem lavar os pés do irmão estando em pé diante dele. Devemos abaixar-nos (Jo 13,1-7)[1].

Não dizer ao irmão ou à irmã que não vai conseguir

Parece-me que Jesus jamais disse a um pecador "não te converterás, és um caso perdido". Quem escolhe a vida religiosa, a vida comunitária, deve confiar no outro que deseja e quer superar a crise ou o fracasso para retomar o caminho, superar tudo e chegar, como disse São João da Cruz, ao monte da perfeição que é Cristo Jesus. O desencorajamento não vem de Deus e quem se diverte a desencorajar os outros e a estimular a obsessão espiritual, vem do diabo e não de Deus. O caminho da santidade não está em esforçar-se para não cair, mas decidir levantar-se cada vez e continuar a caminhar.

Conservo no coração a seguinte frase: "não importa que teus pés estejam sangrando ou feridos, o que importa é que não deixes de caminhar".

Animar os outros é uma grande graça, todos têm necessidade de ser animados, motivados. Direi, quanto a este animar, que podemos sintetizá-lo em três palavras que encontramos, como água fresca e restauradora, em todos os livros da Bíblia: "Não tenhas medo".

---

1. João 13,1-17: "Antes da festa da Páscoa, sabendo Jesus que chegara a sua hora de passar deste mundo para o Pai, tendo amado os seus que estavam no mundo, amou-os até o fim. Durante a ceia, quando já o diabo colocara no coração de Judas Iscariotes, filho de Simão, o projeto de entregá-lo, sabendo que o Pai tudo colocara em suas mãos e que ele viera de Deus e a Deus voltava, levanta-se da mesa, depõe o manto e, tomando uma toalha, cinge-se com ela. Depois coloca água numa bacia e começa a lavar os pés dos discípulos e a enxugá-los com a toalha com que estava cingido. Chega, então, a Simão Pedro, que lhe diz: 'Senhor, tu lavar-me os pés?!' Respondeu-lhe Jesus: 'O que faço, não compreendes agora, mas o compreenderás mais tarde'. Disse-lhe Pedro: 'Jamais me lavarás os pés!' Jesus respondeu-lhe: 'Se eu não te lavar, não terás parte comigo'. Simão Pedro lhe disse: 'Senhor, não apenas meus pés, mas também as mãos e a cabeça'. Jesus lhe disse: 'Quem se banhou não tem necessidade de se lavar, porque está inteiramente puro. Vós também estais puros, mas não todos'. Ele sabia, com efeito, quem o entregaria; por isso, disse: 'Nem todos estais puros'. Depois que lhes lavou os pés, retomou o seu manto, voltou à mesa e lhes disse: 'Compreendeis o que vos fiz? Vós me chamais de Mestre e Senhor e dizeis bem, pois eu o sou. Se, portanto, eu, o Mestre e Senhor, vos lavei os pés, também deveis lavar-vos os pés uns dos outros. Dei-vos o exemplo para que, como eu vos fiz, também vós o façais. Em verdade, em verdade, vos digo: o servo não é maior do que o seu Senhor, nem o enviado maior do que quem o enviou. Se compreenderdes isso e o praticardes, felizes sereis.'"

Não é palavra do homem frágil dita a outro homem frágil, mas é palavra de Deus, forte e poderosa, dita ao homem frágil que cai, tem medo do futuro, vive na incerteza.

Os estudiosos da Bíblia nos dizem que esta exortação divina — "não tenhas medo" — é repetida, na Bíblia, cerca de 400 vezes. Temos necessidade de que Deus o diga a nós para levantarmos e continuar o caminho. Deus não nos abandona jamais, nem nos despreza, mas nos valoriza sempre com linguagem de ternura materna e paterna. Não podemos deixar-nos tomar pelo medo, divino ou humano, mas, em vez disso, crer que somos chamados a uma missão que só podemos cumprir com o auxílio de Deus que nos sustenta em nosso caminho.

Na Bíblia, a quem Deus, diretamente comunica aos seus anjos, diz esta frase: "Não tenhas medo!"?

A Moisés, aos profetas, à Virgem Maria, a São José. O mesmo Senhor Jesus a dirige a Pedro e a Paulo quando estão no cárcere, e várias vezes também aos outros discípulos.

O medo de Deus e do outro nos bloqueia. Impede-nos de estar face a face olhando-nos nos olhos, confiando um no outro. A oração que, talvez, mais que qualquer outra coisa, nos impulsiona a superar todo o medo, infundindo-nos coragem e força, é o Salmo 22, dito do *bom pastor*.

Deus te promove, abre caminhos, te impulsiona, não te impede jamais o caminho do bem, lança-te para frente, enche-te do fogo do entusiasmo.

Se Deus me encoraja, estende sua mão a fim de levantar-me, devo fazer o mesmo, encorajar os outros e não a negar a quem está caído, como o infeliz da parábola do bom samaritano, nas mãos do ladrão, moribundo na beira da estrada. Não posso passar ao seu lado indiferente, mas devo aproximar-me, curá-lo, levá-lo ao primeiro hospital, ajudá-lo e pagar pessoalmente o bem que faço[2].

A crítica que destrói é uma desgraça

Não são necessárias todas as palavras do vocabulário nem todas as palavras da Bíblia para convencer-nos do mal que a crítica produz, ou a correção que não oferece um caminho alternativo. A crítica que não deixa alternativa é uma estrada sem saída que desencoraja, irrita e impede a correção necessária. O religioso ou o homem de Igreja que não tenha respeito pelo outro nem sentido de pertença torna-se severo e intransigente, hipercrítico e agressivo, não percebe que agredir é

---

2. Lucas 10.

sempre contraproducente e contribui para que o outro se endureça sempre mais, mascarando-se como um fariseu hipócrita convicto de ser melhor que os outros.

Para compreender bem o que significa a crítica devemos readquirir sua etimologia. *Crítica* provém do grego e significa "arte de julgar". A crítica não é uma guerra contra ações e pensamentos dos outros, é uma arte de julgar o que o outro faz ou diz.

Há três palavras que podem nos ajudar a compreender melhor o sentido positivo e negativo da crítica.

1. A crítica como arte de julgar: tudo o que a pessoa faz ou diz deve ser submetido ao exame de um profissional capacitado para valorizar e exprimir um juízo que não é movido pela paixão, soberba, simpatia ou antipatia, mas pelo próprio valor das obras e palavras.

2. Acrítica é a pessoa que se subtrai à tarefa da crítica e que, por motivos pessoais, medo ou incompetência, não exprime seu juízo quando é interrogado. A pessoa acrítica jamais é positiva no seio de um grupo ou de uma comunidade, na Igreja. Resolve tudo com um "tudo vai bem", salvo para exprimir seu juízo indiretamente, sem franqueza.

3. A autocrítica é uma arte que devemos aprender. Nós mesmos devemos ter condições de julgar o nosso trabalho antes que os outros julguem, devemos saber julgar com sabedoria e senso crítico, não nos julgando os melhores nem os piores. Paulo diz: "Em virtude da graça que me foi concedida, eu peço a cada um de vós que não tenhais de vós mesmos um conceito mais elevado do que convém, mas uma justa estima, ditada pela sabedoria, de acordo com a medida da fé que Deus dispensou a cada um" (Rm 12,3).

Quando minha crítica não é movida por uma visão objetiva sobre o outro, traz consequência desastrosa e constrói muros e discórdias, a ponto de que a distância e a divisão impedem a cooperação para a realização do bem do irmão/irmã.

A correção fraterna deve ser uma crítica objetiva, sábia e cheia de amor e não ocasião de "vomitarmos" contra o outro todo nosso mau humor e a raiva acumulada durante anos. Se não nos sentirmos em condições de emitir um juízo objetivo é melhor abster-nos de falar, ou adiar para outro momento a nossa opinião, após termos feito um discernimento a sós e com o auxílio de pessoas sábias.

Quem critica deve estar sereno e benevolente naquilo que diz e não atacar a pessoa, mas prestar a atenção e esclarecer os aspectos negativos do agir e do falar. Quem recebe a crítica deve ser humilde e aceitá-la como auxílio para seu crescimento e não se sentir como se houvesse puxado o tapete sob os pés, ou como uma pedra no caminho.

11
POBREZA E RIQUEZA

Uma das maiores graças da vida religiosa é a pobreza escolhida por amor, com determinação e alegria, não imposta por outros ou em consequência de mecanismos de injustiça e exclusões pela grande diferença que há entre ricos e pobres. Essa forma de pobreza não é querida por Deus, mas fruto da maldade e do egoísmo do homem.

Primeiramente desejaria esclarecer que é uma ilógica distorção da realidade considerar — recomendar — que a pobreza é um bem, uma graça de Deus; que ser pobre nos leva ao paraíso e nos torna felizes.

A pobreza é a maior entre as desgraças que pesam sobre a humanidade e esmaga milhões de pessoas sob a cruz insuportável da fome. É um mal, mesmo provocado: cada dia milhões de irmãos e irmãs morrem por falta de alimento necessário, de cuidados urgentes, do mínimo necessário para uma vida digna que se possa qualificar de humana. A pobreza não é um valor a ser cultivado, é uma chaga a ser combatida e curada até ser extirpada da face da terra.

Afirmar que a pobreza é um bem é um terrível sarcasmo, uma ironia insuportável, um pecado que grita contra a bondade e a misericórdia. É um absurdo dizer que é feliz ou bem-aventurado um pai de família que não tem como sustentar a própria família nas mais elementares e basilares necessidades. Sabemos que muitas vezes essa situação conduz ao desespero, ao crime e não raramente ao "suicídio".

É pecado tranquilizar uma mãe dizendo-lhe que é feliz e bem-aventurada, que as portas do paraíso se abrirão para ela porque é pobre, quando não há como comprar o leite para o filho ou assegurar a mínima assistência aos pais anciãos e sozinhos. Não encontramos esta linguagem em nenhuma página da Sagrada Escritura ou na sabedoria e experiência de nenhuma religião do mundo.

É uma graça rebelar-se contra a pobreza

Lendo e meditando a Palavra de Deus, compreendi que é necessário rebelar-me contra a pobreza, minha e do próximo, e que não se pode permanecer em silêncio nem com os braços cruzados diante do flagelo da pobreza que ceifa vítimas inocentes, só culpáveis por terem nascido em países explorados, em famílias pobres e não terem pais ricos. É necessário recordar-se que todos, sem distinção, têm direito a:
— Assistência médica.
— Acesso à cultura.
— Trabalho com renda suficiente para uma vida digna.
— Reconhecimento da dignidade, o primeiro dos direitos humanos sancionados pelas Nações Unidas.
— Liberdade de locomoção.
— Casa, alimento sustentável e água potável.
— Tudo o que entendemos por bem-estar social humano e espiritual.

O livro social e espiritualmente mais revolucionário que eu conheço e que luta pelo bem-estar e promoção humana, sem cair na luta de classes, que sempre contrapõe hostilmente um homem (ou uma categoria de homens) contra outro, fomentando assim o ódio (e não a fraternidade) para com o próprio semelhante, é a Bíblia.

Diante da Bíblia, os livros de Karl Marx e de todos os sociólogos são água fresca, perdem seu valor e força.

Alguns textos bíblicos...

Digamos logo que Deus, Jesus, o cristão e o homem e a mulher de bom coração não querem a pobreza que mata, divide, separa, mas querem, através da partilha, que o escândalo da pobreza seja para sempre vencido.

A vida religiosa é luta contra a pobreza

A história da vida religiosa é fascinante, porém, às vezes, na imaginação comum, há uma ideia fantasiosa. Deveria ser feita não só uma leitura histórica, mas também uma leitura sapiencial para compreender seu conteúdo e força revolucionária.

Quem são os religiosos?

Os religiosos são simples cristãos que, cansados da ilusão de uma vida luxuosa, que é sempre uma bofetada na face de Cristo pobre e na face dos irmãos que são imagem de Cristo, decidiram empreender com a própria vida uma "contrarrevolução", no sentido de ir contra a corrente, assumindo com alegria e livremente um estilo de vida pobre, sem luxo, despojada de comodidades, ganhando o alimento com o trabalho de das próprias mãos — solidários com todos os homens —, porque, como diz a Regra primitiva, assumiram a admoestação de são Paulo: "Quem não quer trabalhar também não deve comer".

O trabalho que era destinado aos escravos, aos servos, aos "que nada possuíam", foi assumido pelos religiosos como estilo de vida.

Não devem trabalhar só para si mesmos, mas também para ajudar os mais pobres, considerando que os primeiros mosteiros praticavam a hospitalidade para com os pobres e peregrinos.

Quando a pobreza se torna graça?

A pobreza se torna graça quando é escolhida livremente, amada, desejada, vivida.

É uma desgraça quando aceita com rebelião interior, ou imposta pelo sistema injusto civil ou religioso. Só o que aceitas com alegria te torna feliz.

Como sou um religioso, carmelita feliz, posso dizer que há mais de 50 anos empreendo minha batalha pessoal para me tornar pobre sem perder de vista o que é bom e o melhor para minha vocação. Confesso que me esforço para ser pobre, procurando renunciar aquilo que entendo inútil, supérfluo ou luxuoso, como também o necessário, e sou feliz assim.

Não me considero pobre, mas um cristão a caminho da pobreza.

Um fato

Um dia, após ter sido aberto o shopping Higienópolis perto da Igreja de santa Teresa, vencido pela curiosidade, fui ver do que se tratava, porque todos os jornais, a televisão e as revistas falavam dele.

Fui lá uma tarde. Distante três minutos a pé, do convento; ao entrar, fui encontrando meus conhecidos e todos me saudavam e me faziam a mesma pergunta:

"Frei, do que o senhor precisa? Posso lhe ajudar?"

A minha resposta era sempre:

"Não tenho necessidade de nada, só vim ver de quanta coisa não tenho necessidade para ser feliz."

Cansei-me de dar sempre a mesma resposta e, para não continuar a ser importunado, decidi voltar...

É uma boa meditação para os religiosos, uma peregrinação *meditativa* ao santuário do consumismo, como são os *shopping centers*, não porque há a necessidade de alguma coisa, mas para ver de quanta inutilidade se enche o coração da humanidade na busca pela felicidade, que dura até o momento de pagar no caixa, porque, imediatamente depois, vem a dúvida se aquilo foi um bom negócio.

Nós religiosos, sacerdotes, homens de Igreja, se escolhemos a *Senhora Pobreza*, como a chamava Francisco de Assis, poderemos viver com dez por cento daquilo que temos ou desejamos ter.

A graça da pobreza não é dada pelas Constituições, pela palavra do papa Francisco, através dos cursos, retiros, seus votos... Tudo isso que, como centelhas, podem no máximo acender no coração o desejo e fascínio da pobreza.

Ser pobre é um dom, um carisma da graça de Deus. Se pedirmos com insistência, ele não nos pode negar. Só Deus que, sendo sumamente rico, se fez pobre a fim de nos fazer ricos com sua pobreza: "Deus pode cumular-vos de toda espécie de graças, para que tenhais sempre e em tudo o necessário e vos fique algo de excedente para toda obra boa" (2Cor 9,8).

O religioso pobre não fala da pobreza, percebe que é inútil: é pobre, e com seu testemunho de confiança na Providência atrai a benevolência de Deus e do próximo.

Jamais confundir a pobreza com o desleixo, o relaxamento pessoal, a desordem, a confusão ou acúmulo de coisas inúteis... A pobreza é sempre digna, caminha de cabeça erguida, é bela e limpa. Aprendi isso de minha santa Teresa d'Ávila, que dizia: "pobres, mas limpos".

O religioso pobre é um profeta.

Não grita nas praças, é delicado e não apaga *um pavio da chama amortecida*, nem quebra uma cana rachada, vive tranquilo a sua pobreza sem impô-la, chega a possuir o mínimo das coisas, distinguir o necessário do supérfluo, o útil do necessário, é objetivo, trabalha e não mendiga.

Não são as constituições que devem me dizer quantas calças, sapatos ou camisas devo ter... é a consciência que me sugere qual deve ser minha atitude diante das coisas.

A proibição não faz a verdadeira pobreza religiosa, mas sim a escolha livre e o amor. Ser como Jesus quer dizer saber viver no hoje, usando as coisas de hoje sem sermos escravos de nada.

Pode acontecer que entre as mãos dos consagrados passe muito dinheiro, mas, se verdadeiramente escolherem a pobreza, não se prenderão ao dinheiro nem às coisas e não terão uma vida ambígua, mas límpida e transparente, como se conta sobre a vida de santa Teresa d'Ávila, que saboreava à mesa alimentos refinados com desenvoltura. Em resposta a quem lhe fazia notar uma possível contradição, ela respondeu: "Penitência é penitência, perdiz é perdiz".

A pobreza na Igreja, na comunidade religiosa e em cada religioso é uma graça de luz, de paz, de harmonia, quando condizente com uma escolha que nasce dentro de nós e não fora. A alegria da verdadeira pobreza sufoca toda murmuração e a tríplice cupidez: do poder, da posse, do prazer.

Para sermos pobres não há necessidade de dinheiro. O pobre não compra nada, nem títulos nem pessoas, oferece o seu valor, aquilo que é e aquilo que possui; pouco, mas significativo, sobretudo os valores interiores que o constituem. Os pobres são amados não pelo que dão, mas pela disponibilidade, por seu amor e seu serviço alegre.

A desgraça de ser rico

Jamais encontrei alguém que, tendo escolhido a pobreza por amor, diga: "sou suficientemente pobre", porque percebe que ainda lhe falta muito caminho para chegar ao pleno desapego de si mesmo e das coisas. É um processo que dura a vida toda.

Também nunca encontrei um rico que diga: "sou suficientemente rico, não tenho mais necessidade de nada", porque o coração de muitos ricos é insaciável. Com o crescimento das propriedades, não diminui a necessidade, mas aumenta: queremos sempre mais dinheiro, o que alimenta o desejo de posses ulteriores, levando-nos à dependência.

Nós, religiosos, devemos ler muitas vezes a parábola do homem rico que, em vez de distribuir aos pobres a boa e excedente colheita, fez construir um celeiro maior para conservar todos os grãos e assegurar-se uma velhice feliz. Sabe-se que seus projetos foram vãos porque morreu naquela mesma noite[1].

Para que serve acumular? Só para dar preocupações! As coisas acumuladas e não imediatamente utilizadas tiram a paz interior.

---

1. Lucas 12,16-21: "E contou-lhes uma parábola: 'A terra de um rico produziu muito'. Ele, então, refletia: 'Que hei de fazer? Não tenho onde guardar minha colheita'. Depois pensou: 'Eis o que vou fazer: vou demolir meus celeiros, construir maiores, e lá hei de recolher todo o meu trigo e os meus bens. E direi à minha alma: minha alma, tens uma quantidade de bens em reserva para muitos anos; repousa, come, bebe, regala-te'. Mas Deus lhe diz: 'Insensato, nessa mesma noite ser-te-á reclamada a alma. E as coisas que acumulaste, de quem serão?' Assim acontece com aquele que ajunta tesouros para si mesmo, e não é rico para Deus".

Conta-se

O conde Ugolino desejava doar muita terra a são Francisco e ele recusou; diante da insistência do benfeitor, Francisco explicou sua motivação: "Se receber esta terra, deverei construir um muro para protegê-la, devo colocar guardas e, com isso, perderei minha liberdade".

A riqueza nos faz perder muitas coisas e muitos amigos. O religioso rico, amante da riqueza, será sempre infeliz, terá amigos enquanto tiver dinheiro; uma vez acabado esse, permanecerá só e esquecido.

Papa Francisco disse: "Me faz mal quando vejo um religioso, uma religiosa, com um carrão de luxo". Em muitos de seus discursos aos religiosos, retoma sempre com fervor o tema da pobreza e, com certo humorismo sarcástico, a riqueza exagerada das ordens religiosas e de cada religioso.

É claro que o Papa não é um ingênuo.

Não é um simplório que não sabe quanto custa a vida, o que se deve comer, estudar, ajudar nas missões, cuidar da formação e manter o digno cuidado da casa. Sabe que é necessário vigiar, mas o grito do Papa é contra o desperdício e o luxo.

Um religioso que busca a riqueza, o bem-estar exagerado, as coisas melhores, torna-se um peso para si mesmo, para a comunidade e para a congregação.

Trata-se de pessoas que não encontraram o verdadeiro Tesouro em Deus e se deixaram guiar pela ânsia de possuir, que correm atrás dos benfeitores para si mesmos e não para as obras do instituto, tornam-se "presa" fácil de traficantes e de pessoas leigas que prometem não a multiplicação dos pães, mas a multiplicação do dinheiro para uso próprio, talvez se servindo da máscara do benefício.

O religioso, a religiosa, e todos aqueles que escolhem com alegria e livremente seguir a Cristo pobre e depois se deixam seduzir e dominar pelo dinheiro fácil, em pouco tempo perderão a paz interior, e não lhes será mais suficiente aquilo de que dispõem.

As pessoas têm uma facilidade impressionante para criar apelidos: assim, com a alcunha de *padre rosa* se entende o religioso que ama só as notas de 500 euros; ou *verdinho*, se for dólares. Depois, se os religiosos passeiam em carros de luxo, será o *padre ou a irmã Mercedes Benz*... Não são apelidos honrosos.

Em sua missão, a Igreja usa o dinheiro na medida do necessário; de resto, não teme considerá-lo da mesma forma que os padres do deserto, que o apelidavam "esterco do diabo". O dinheiro pode ser útil para fazer o bem como também instrumento do mal. Quanto ao uso que fazem os religiosos pode ser considerado como o "esterco" que serve para adubar o terreno que deverá produzir frutos bons.

Lembrança

Conheci um homem que estava fazendo uma experiência de eremita e que se impusera, por pobreza, não tocar em dinheiro. Visitava-o frequentemente e todas as vezes dava-me uma vintena de cartas para expedir, mas não dava dinheiro para os selos. Naquela época não havia internet e outros meios rápidos, que hoje facilitam a comunicação.

Disse-lhe, um dia:

"Irmão, dê-me, por favor, o dinheiro para colocar os selos."

Ele, com toda simplicidade, respondeu:

"Eu não toco em dinheiro para não me contaminar. Quero ser pobre!".

Diante dessa resposta eu disse:

"Também eu não quero contaminar-me com suas cartas, e também não quero usar o dinheiro que não me pertence porque fiz voto de pobreza!"

Não me respondeu nada, não sei se cessou de escrever cartas ou se encontrou outro ingênuo a fim de mostrar sua máscara de pobreza.

Podemos ter aparência de pobreza sem realmente sermos pobres. A pobreza não consiste em não ter contato com dinheiro, mas impedir que a riqueza e o bem-estar se apoderem do nosso coração. Podemos manusear milhões na realização de obras e ser pobres, como também podemos ter um único real e ser tão mesquinhos e apegados ao dinheiro, a ponto de destruir nossa pobreza.

Um religioso manifesta incoerência ao voto de pobreza quando seu coração se escraviza por coisas, pessoas, próprias ideias, ideologias e assume um estilo de vida ambíguo, cujo serviço e disponibilidade não encontram mais o seu lugar.

Como nasceu o voto de pobreza?

Se percorrermos a história da vida religiosa, chegaremos à conclusão de que o voto de pobreza nasceu do desejo de ser conformes a Jesus pobre. Isso significava assumir o estilo de vida frugal, simples, livre das coisas, nômade, com a mínima bagagem, em sinal de confiança na Providência de Deus. Seguir Cristo pobre é tido como um caminho de *kenosis* que o religioso escolhe para imitá-lo com maior alegria, livre do peso de si mesmo e das coisas. Jesus se fez pobre para nos enriquecer com sua pobreza.

Os primeiros cristãos, impulsionados pelo desejo de viver a pobreza evangélica, tentavam recuperar o ideal primitivo de comunidade que com o tempo se perdera[2].

Escandalizados diante da riqueza que se estava acumulando e constatando a ambiguidade na vida de alguns cristãos neoconvertidos, como Ananias e Safira, alguns decidiram empreender o caminho do deserto em total desapego.

Uma pobreza voluntária tão extrema não estava isenta do desejo de posses e, bem depressa, insinuaram-se necessidades de bens, terras e casas, a ponto de não se encarnar mais a pobreza evangélica e o testemunho dos cristãos perder sua força. Foi necessário renovar a adesão a Cristo pobre e a confiança na Providência, amadurecendo um equilibrado desprendimento das coisas.

A escolha da pobreza evangélica não é fruto de preceitos, proibições, leis, mas da convicção interior que persegue a liberdade de espírito a fim de assemelharem-se sempre mais perfeitamente aos sentimentos de Cristo.

Tudo o que foi dito com respeito às disposições que impeliram o crente a abraçar o voto de pobreza é aplicável também à obediência e à castidade, que serão sempre mais claramente distinguidos na experiência de são Francisco de Assis e seus irmãos, pois substituíram o nome de votos por Conselhos Evangélicos[3].

Sabemos que o Evangelho é pobre em mandamentos — pode-se dizer que Jesus reuniu a todos no único mandamento do amor —, mas é rico em conselhos e propostas de vida.

A formação

Ousarei dizer que em todos os tempos o grande desafio da vida religiosa é a formação do candidato à vida consagrada. O papa Francisco nos recorda que são quatro as colunas sobre as quais se devem construir a vida religiosa e sacerdotal:

---

2. Atos 2,42-46: "Eles mostravam-se assíduos ao ensinamento dos apóstolos, à comunhão fraterna, à fração do pão e às orações. Apossava-se de todos o temor, pois numerosos eram os prodígios e sinais que se realizavam por meio dos apóstolos. Todos os que tinham abraçado a fé reuniam-se e punham tudo em comum: vendiam suas propriedades e bens, e dividiam-nos entre todos, segundo as necessidades de cada um. Dia após dia, unânimes, mostravam-se assíduos no templo e partiam o pão pelas casas, tomando o alimento com alegria e simplicidade de coração".

3. Nos inícios da Regra dada por São Francisco aos seus frades, lê-se: "A regra de vida dos frades menores é a seguinte: observar o santo Evangelho do Senhor nosso Jesus Cristo, vivendo em obediência, sem nada de próprio e em castidade".

1. *Formação humana.* É a formação fundamental da pessoa que, para receber os valores do Evangelho, deve ser preparada, bem-disposta e também purificada. Esta basilar formação abraça todos os aspectos do ser humano ferido pelo pecado e sujeito aos impulsos da carne, que estão em luta com as exigências do espírito. São Paulo apóstolo, sem ter frequentado nenhum curso de psicologia, explicou e esclareceu esta luta interior:

> Vós fostes chamados à liberdade, irmãos. Entretanto, que a liberdade não sirva de pretexto para a carne, mas, pela caridade, colocai-vos a serviço uns dos outros. Pois toda a Lei está contida numa só palavra: Amarás o teu próximo como a ti mesmo. Mas se vos mordeis e vos devorais reciprocamente, cuidado, não aconteça que vos elimineis uns aos outros.
> Ora, eu vos digo, conduzi-vos pelo Espírito e não satisfareis os desejos da carne. Pois a carne tem aspirações contrárias ao espírito e o espírito contrário à carne. Eles se opõem reciprocamente, de sorte que não fazeis o que quereis (Gl 5,13-17).

2. *Formação intelectual.* Antigamente bastava a escola primária para viver em uma comunidade religiosa. Não era raro que o religioso fosse analfabeto e cumprisse a regra da oração com a recitação do *Pai Nosso* e da *Ave Maria*. Isso bastava e não era preciso mais para ser bons e santos religiosos. Hoje, sustentar isto é simplesmente ridículo. Temos necessidade de uma sólida preparação intelectual humanística, filosófica e teológica para enfrentar os desafios do mundo no qual nos encontramos; de estar *profissionalmente* preparados para os compromissos e as tarefas às quais o religioso será chamado. A "universidade" da *boa vontade e dos santos desejos* não basta e em alguns casos não serve mais.

3. *Formação espiritual.* A formação espiritual não se estende só ao tempo canônico do Noviciado ou das etapas formativas *Institucionais*, mas abraça a vida toda. Torna-se sempre mais autoformação, contínua e permanente, necessária para aprofundar sempre mais nossa fé na terra fértil das fontes bíblicas e da espiritualidade específica do próprio instituto. Uma formação permanente orienta o caminho e vivifica ou ilumina constantemente o desejo pelo qual escolhemos a vida consagrada. Sem esta atualização necessária e urgente, corremos o risco de permanecer com uma vida "antiquada", sem entusiasmo e sensibilidade à novidade do Espírito, presa em uma monotonia que não convence e que destrói a fantasia do espírito.

4. *Formação pastoral e evangelizadora.* Quem decide se colocar a serviço de Jesus, do Evangelho e da Igreja, não se coloca no centro de sua missão. A Igreja e a vida religiosa não podem e não devem ser palco autorreferencial, mas posição

significativa para anunciar Jesus com franqueza, humildade e verdade. Também neste sentido é necessário que o consagrado tenha uma formação sólida e mistagógica capaz de habilitá-lo a transmitir o atrativo do Mistério cristão não só com a dialética — também útil para veicular a boa notícia do Evangelho —, mas, sobretudo, com a coerência e o exemplo.

Como formar?

Lendo a *Storia della vita religiosa. Una lettura sapienziale* [*História da vida religiosa. Uma leitura sapiencial*] de Jean-Claude Guy, publicado pelas Edições Lipa, encontrei a citação de um texto magistral que desejo transcrever e que ajudará a nossa reflexão.

O trecho foi extraído de uma publicação de 1496 — já correu muita água debaixo da ponte! O autor é o abade beneditino Giovanni Tritemio.

> Ele não é um homem mau. É um abade e reformador. Não é um contestador como Lutero, nem desprezível como Erasmo, nem, entretanto, derrisório como Rabelais. Mas como monge que busca Deus e coloca impiedosamente o dedo na chaga.

Os títulos dos doze pontos são, para ele, a causa da decadência da obediência às regras.

1. Aceitam-se muito facilmente os candidatos.
2. Negligencia-se muito a formação dos noviços.
3. O recrutamento vocacional é muito limitado.
4. Quando postulantes desejam ingressar no mosteiro, mas não possuem reta intenção, fazem isso mais para arranjar a própria vida do que para serem monges.
5. Quando se negligenciam nos mosteiros o estudo e a devoção.
6. Quando se viaja muito.
7. Quando os superiores mostram muita fraqueza a respeito dos membros da comunidade.
8. Quando o mosteiro é muito rico.
9. Não se pratica a correção fraterna.
10. Entra em desuso a prática da visita canônica.
11. A mudança dos tempos.
12. A grande expansão das congregações monásticas e dos capítulos gerais.

Todos estes títulos seriam suficientes para escrever um livro sobre acontecimentos de hoje, não do século XV.

Entende-se cada vez melhor que viver a pobreza evangélica não é uma iniciativa pessoal, baseada unicamente em nossa vontade, mas uma graça de Deus, um carisma que só o Senhor pode nos conceder. Ser pobres na vida consagrada é uma grande graça para cada religioso e um testemunho forte e corajoso para a comunidade.

Ao contrário, ser apegado às riquezas e procurá-las é um motivo de inevitável enfraquecimento do espírito religioso. É uma grande desgraça para a pessoa, a comunidade e a congregação.

12
OBEDIÊNCIA E DESOBEDIÊNCIA

Há um voto na vida religiosa que passou por muitas discussões, desenvolvimentos e regressões. É o voto de obediência. Passou-se da compreensão do voto como expressão de liberdade a uma visão de obediência como submissão e escravidão.

Obedecer, sem dúvida, é uma grande graça, mas se não for bem entendida pode se tornar uma desgraça.

Desobedecer é uma desgraça, mas muitas vezes pode ser uma grande graça! É preciso desobedecer e opor-se ao mal e a condicionamentos que impedem a fidelidade a nós mesmos e aos princípios professados; ser profeta em um mundo que vive submisso a um poder mundano, às riquezas e ao prazer. É exatamente este poder mundano que tenta comprar a nossa obediência com favores e presentes para possuir um bando de submissos que dançam segundo sua música.

Devo confessar que muitas vezes obedeci mal quando deveria desobedecer e outras vezes desobedeci bem quando a luz da consciência me fez compreender que era necessário tomar posição. Essa atitude, o próprio Senhor Jesus me ensinou na parábola dos dois filhos:

> Que vos parece? Um homem tinha dois filhos. Dirigindo-se ao primeiro, disse: "Filho, vai trabalhar hoje na vinha". Ele respondeu: "Não quero"; mas depois, reconsiderando a sua atitude, foi. Dirigindo-se ao segundo, disse a mesma coisa. Este respondeu: "Eu irei, senhor"; mas não foi. Quais dos dois realizou a vontade do pai? Responderam-lhe: "O primeiro". Então Jesus lhes disse: "Em verdade vos digo que os publicanos e prostitutas estão vos precedendo no Reino de Deus" (Mt 21,28-31).

Quem obedeceu verdadeiramente não foi aquele que disse sim imediatamente para mostrar-se bom diante do pai e que depois não cumpriu a ordem recebida, mas o filho que ousou dizer não. Após ter refletido e discernido, superou a emoção negativa da recusa e fez o que o Pai lhe havia dito.

Obediência é a capacidade de escuta e diálogo

Não é minha intenção escrever um livro sobre a vida religiosa. O intento destas reflexões é colocar em evidência, como na técnica de pintura do *chiaroscuro*, a graça e a desgraça da vida religiosa, que é um sinal profético e escatológico do reino de Deus, edificado sempre sobre a alegria evangélica. Onde há um religioso feliz e realizado, aí já está a antecipação do Paraíso. Como já antecipei no início deste capítulo, a obediência ao longo dos séculos sofreu uma mudança de perspectiva, passando da obediência como *um cadáver*, muda, surda e cega, antes do Concílio Vaticano II, a uma obediência de olhos abertos, que vê, ouve, fala e critica.

Feliz o religioso que sabe escutar, dialogar e, finalmente, sabe crer que deve fazer o que os superiores, representantes de Deus, lhe dizem para fazer. Estar sempre de malas prontas para partir, sair da "tenda" sem saber para onde vai[1].

Sem a escuta é impossível obedecer e colocar-se à disposição dos que têm necessidade de nós. Primeiramente, é preciso dizer que o *partner* que nos pede ajuda para manter vivo o mundo e torná-lo sempre mais belo é o próprio Deus, que, no início da história humana, nos confiou o universo a fim de que possamos conservá-lo e fazê-lo progredir.

Comecei a entender o que é a obediência quando procurei sua etimologia: obedecer significa *inclinar o ouvido para ouvir melhor*, colocar-se em atitude de acolhida. Como é belo tudo isso!

Feliz o religioso que compreende isso!

---

1. Gênesis 12,1-9: "O Senhor disse a Abrão: 'Sai da tua terra, da tua parentela e da casa de teu pai, para a terra que te mostrarei. Eu farei de ti um grande povo, eu te abençoarei, engrandecerei teu nome; sê uma benção! Abençoarei os que te abençoarem, amaldiçoarei os que te amaldiçoarem. Por ti serão benditos todos os clãs da terra'. Abrão partiu como lhe disse o Senhor, e Ló partiu com ele. Abrão tinha setenta e cinco anos quando deixou Harã. Abrão tomou sua mulher Sarai e seu sobrinho Ló, todos os bens que tinham reunido e o pessoal que tinham adquirido em Harã; partiram para a terra de Canaã, e lá chegaram. Abrão atravessou a terra até o lugar santo de Siquém, no Carvalho de Moré. Nesse tempo os cananeus habitavam nesta terra. O Senhor apareceu a Abrão e disse: 'É à tua posteridade que eu darei esta terra'. Abrão construí aí um altar ao Senhor, que lhe aparecera. Dali passou à montanha, a oriente de Betel, e armou sua tenda, tendo Betel à oeste e Hai a leste. Construiu aí um altar ao Senhor e invocou seu nome. Depois, de acampamento em acampamento, foi para o Negueb".

Por que obedecer, na vida religiosa, é uma graça? Porque, desapegado e livre de si mesmo, preso à vontade de Deus, não há um programa preestabelecido, não te impões, não há pretensões, és como um simples pobre mendicante e coloca-te à disposição de quem pode precisar de ti.

Se lermos a parábola dos servos que aguardam o chamado para trabalhar na vinha, vemos que o patrão chama trabalhadores a toda hora e o operário da última hora recebe tanto quanto os que trabalharam o dia todo[2].

Uma meditação pessoal deste texto do Evangelho nos faz entrar no mistério das palavras: *"EIS-ME AQUI!"*

Esta é a palavra chave que percorre toda a Escritura como diálogo entre Deus e o homem e entre o homem e o homem.

"EIS-ME AQUI!" foi repetido desde Abraão até o último justo, que no Apocalipse proclama: "Vem, Senhor Jesus!".

Disseram-no os profetas ao chamado do Senhor; não sabem o que o Senhor pedirá, mas sabem dizer, mesmo com certa resistência interior, EIS-ME!

Disse-o a Virgem Maria à proposta do Anjo Gabriel, enviado por Deus para revelar-lhe que o seu olhar pousara sobre ela, a humilde serva que, simplesmente, disse: EIS-ME!

Disse-o São José que, sem pronunciar palavras, levanta-se e acolhe em sua casa Maria, grávida do Verbo eterno. Disse-o sem palavras quando se levanta na noite e foge para o Egito para salvar o Menino com sua Mãe.

Disseram-no os próprios discípulos que, chamados pelo Mestre, deixaram tudo e O seguiram, vendendo e renunciando ao que possuíam.

---

2. Mateus 20,1-16: "Porque o Reino dos Céus é semelhante a um pai de família que saiu de manhã cedo para contratar trabalhadores para a sua vinha. Depois de combinar com os trabalhadores um denário por dia, mandou-os para a vinha. Tornando a sair pela hora terceira, viu outros que estavam na praça, desocupados, e disse-lhes: 'Ide também vós para a vinha, e eu vos darei o que for justo'. Eles foram. Tornando a sair pela hora sexta e pela hora nona, fez a mesma coisa. Saindo pela hora undécima, encontrou outros que lá estavam e disse-lhes: 'Por que ficais aí o dia inteiro desocupados?' Responderam: 'Porque ninguém nos contratou'. Disse-lhes: 'Ide também vós para a vinha'. Chegada a tarde, disse o dono da vinha ao seu administrador: 'Chama os trabalhadores e paga-lhes o salário começando pelos últimos até os primeiros'. Vindo os da hora undécima, receberam um denário cada um, e vindo os primeiros, pensavam que receberiam mais, mas receberam um denário cada um também eles. Ao receber, murmuravam contra o pai de família, dizendo: 'Estes últimos fizeram uma hora só e tu os igualaste a nós, que suportamos o peso do dia e o calor do sol'. Ele, então, disse a um deles: 'Amigo, não fui injusto contigo. Não combinaste comigo um denário? Toma o que é teu e vai. Eu quero dar a este último o mesmo que a ti. Não tenho o direito de fazer o que eu quero com o que é meu? Ou o teu olho é mau porque eu sou bom?' Assim, os últimos serão os primeiros, e os primeiros serão os últimos".

Disse-o Jesus que, agradecendo ao Pai por lhe ter dado um corpo e O ter chamado à existência humana, lhe disse EIS-ME! Para fazer a sua vontade.

Confessaram-no todos os santos que constelam o céu da Igreja e da humanidade que, sentindo-se chamados à santidade, levantaram-se do pecado e caminharam na vida de santidade dizendo: EIS-ME!

Dissemo-lo tu e eu quando o Senhor nos chamou e nos levantamos também nós, colocamo-nos a caminho, pedimos para nos tornarmos religiosos e dissemos: EIS-ME!

Dizemo-lo sempre que a congregação, a Igreja, os irmãos e irmãs nos chamam e nos pedem dedicação, e nós respondemos: EIS-ME!

Respondemos EIS-ME! Também quando não sabemos o que nos será pedido, mas respondemos sem previsões ou cálculos disponíveis a aceitar o que nos será pedido.

Ouve, Israel…

A alegria da escuta nos é dada por Deus, que nos convida a abrir-nos totalmente ao amor:

> Ouve, ó Israel: o Senhor nosso Deus, é o único Senhor! Portanto, amarás o Senhor, teu Deus, com todo o teu coração, com toda a tua alma e com todas as tuas forças (Dt 5,4-5).

A alegria do religioso é despojar-se dos seus projetos e dedicar-se livremente aos projetos de Deus, não como escravo, mas como servo do amor.

É por isso que devemos "desmitologizar" o voto de obediência. Por não tê-lo compreendido bem, fizemos dele um voto "fantasma", que oprime a liberdade em vez de dá-la plenamente. Isto depende do ideal que temos diante de nós: obediência de escravidão ou obediência filial.

Não são somente os religiosos e as religiosas, homens e mulheres a serviço da Igreja, que vivem o nomadismo do chamado e da escuta, que partem para onde são chamados e sem saber até quando.

Obedecer é condição da vida civil, regulada por leis enormes: soldados, oficiais da força armada a serviço das Nações, os banqueiros, os embaixadores, realizam a própria tarefa segundo um sistema de regras… Estão todos envolvidos na *peregrinação de um lugar a outro*, determinados pela consciente e livre obediência para a eficiência do *bem comum*.

Contudo, obedecer a Deus é uma graça que deriva da descoberta de nossas raízes nele. Da radicação em Deus deriva a alegria e a disponibilidade de ir par onde a obediência chama a semear paz, alegria e esperança.

Diálogo... busca da verdade

Feliz é o religioso que sabe dialogar com seus irmãos e superiores, e felizes os superiores e os irmãos que estão sempre abertos ao diálogo, prontos a sofrer juntos na busca da verdade que é de todos e não pertence a ninguém.

Devemos dizer e proclamar sobre os montes e telhados: não existe uma obediência-escuta como relação entre superiores e súditos; pelo contrário, essa classificação de obediência não é a melhor, deveria ser encontrada outra mais adequada. O superior é chamado "ministro", ou seja, aquele que administra e serve; o preposto, (posto na frente) como modelo, chamado também abade, pai. Porém o nome que se usa para designar o superior não é importante; o que conta é aquilo que significa, o que comporta: isto é, uma relação entre irmãos e irmãs corresponsáveis que caminham juntos na vida de santidade, que se corrigem, se estimulam e se animam mutuamente no caminho do amor e do serviço.

O diálogo deve conduzir à escuta, às decisões conjuntas, ao trabalho e ao anúncio em comum. Só a verdade que se encontra juntos nos ilumina e nos consagra.

Feliz o religioso que dialoga, busca a verdade, que ouve, está disposto a mudar os seus projetos e se coloca totalmente a serviço de Deus através da obediência à voz de quem foi escolhido como autoridade, e reconhece sempre o bem comum, mais importante que o seu bem pessoal e individual.

A desgraça de desobedecer

A contestação pela contestação e a rebelião pela rebelião não produzem frutos positivos. Devemos saber o porquê decidimos obedecer, ou desobedecer, qual é a nossa finalidade e o nosso agir. No dia de nossa profissão religiosa, manifestamos a nossa decisão de viver segundo o estilo de Jesus, pobre, obediente e casto. Não foi uma profissão ou uma fórmula recitada por crianças que não sabem o que dizem ou o que querem, mas por pessoas adultas que, sabendo o que desejam, decidem livre e conscientemente oferecer sua vida a serviço de Deus, na Igreja e na congregação que escolheram.

É claro que não pode ser uma adesão "diária", e sim segundo as constituições que foram conhecidas, vividas, durante o período de prova e da formação inicial — o noviciado.

Os superiores são os guardiões do carisma, das tradições e da espiritualidade de uma congregação e não podem fazer o que querem, comandar como querem e onde querem, mas estão ao serviço dos irmãos e das irmãs segundo o projeto de vida proposto pelo carisma e regra do instituto.

Desobedecer, sem dúvida, é uma desgraça. Um consagrado que empreende o caminho da desobediência, da sublevação ou da resistência passiva atraiçoa a si mesmo e sua promessa.

Agrada-me comparar a profissão religiosa a uma aliança — que não pode ser um contrato — como o matrimônio, em que a motivação única é o amor.

Um matrimônio que não se fundamenta no amor está destinado à falência, mesmo sem divórcio legal; assim, uma vida religiosa sem amor está destinada a falir e, mesmo que não chegue o momento de "cair fora" do instituto a que se pertence, ela se torna invisível para si mesma e para os outros.

É uma desgraça desobedecer

Em uma comunidade ou instituto religioso sem escuta recíproca entre irmãos e superiores, muitas obras, não partilhadas e assumidas por todos os membros do instituto, morrem. Ainda que a própria ideia nem sempre seja partilhada, somos sempre livres para ter as nossas próprias ideias. O bem comum é sempre mais importante que o bem individual.

Nos desafios e propostas comunitárias não conta chegar primeiro; podemos ser vitoriosos por poucos minutos ou por alguns anos, porém, se falta a comunhão, será perdida a batalha e a nossa derrota é sempre a derrota do povo de Deus, o qual somos chamados a servir. O importante é chegar juntos, trabalhar juntos.

Teresa d'Ávila dava um simples conselho a quem desenvolvia o serviço da autoridade: "Que as cabeças combinem entre si", para que se possa caminhar e trabalhar juntos na construção do futuro.

O desobediente perde sua autoridade moral e espiritual, e mesmo se no momento pareça um profeta, logo depois se encontrará sozinho a defender a si mesmo e suas ideias. Na Igreja tivemos profetas que souberam desobedecer obedecendo: Mazzolari, padre Pio de Pietrelcina e, mesmo antes, Teresa d'Ávila, João da Cruz e Francisco de Assis. Todos souberam dizer não a um estilo de vida incoerente seguido pela maioria, porém, para tanto, passaram através do crisol da purificação pessoal e coletiva.

A desobediência traz consigo uma grande quantidade de defeitos, pecados e problemas que tornam a vida triste e a transformam em uma luta sem sentido.

13

CASTIDADE E AMOR SEM AMOR

Digamos logo. O coração dos votos não é o apostolado, nem a vida comunitária, mas o amor pela pessoa de Jesus. Só ele é o centro de nossa vida consagrada e só para ele e com a sua graça seremos capazes de viver a pobreza, a obediência e a castidade. Os votos são dons de Deus e não fruto do esforço humano[1]. A observância dos conselhos evangélicos é um caminho de alegria, paz e dom de si. Não há nenhum sentido em fazer por fazer os votos de pobreza, obediência ou castidade. Se alguém escolhe esse caminho é por um chamado especial da parte de Deus: é uma vocação.

Não praticamos ser pobres por aversão ao dinheiro, castos por desprezo à intimidade conjugal ou obedientes por aversão à liberdade.

Falar da castidade não significa fazer um tratado de sexologia. O Senhor nos fez homens e mulheres e não se pode contradizer nem renegar ou abandonar a própria identidade de gênero, e com a continência não se entende "renunciar" ao exercício genital como algo errado e pecaminoso.

A mim, que já passei tantas primaveras, não agrada falar dos votos como uma renúncia. Parece-me que esta linguagem mutila e diminui a alegria da nossa liberdade e do dom que fazemos de nossa vida. Os conselhos evangélicos e toda nossa renúncia devem ser lidos com outros olhos, não como privação, mas como oferta e dom do que melhor recebemos de Deus.

---

1. Cf. Santo Agostinho, *Confissões*, Livro VI, XI, Paulinas: Milão 1979, p. 189: "Desejando a vida feliz, temia buscá-la na sua morada. Procurava-a fugindo dela! Julgava que seria extremamente desgraçado, se me privassem dos abraços de uma esposa. Não pensava ainda no remédio da Vossa misericórdia para curar tal doença, porque nunca fizera a experiência. Pensava que a castidade era fruto das próprias forças e persuadi-me que não as tinha. Sendo tão néscio, não sabia que, como estava escrito (Mt 19,11-12), ninguém pode ser casto se Vós não lhe concedeis forças. Vós dar-ma-íeis se com gemidos internos ferisse os Vossos ouvidos e, com fé firme, descarregasse em Vós todos os meus cuidados" (Sl 55,2).

Em sua etimologia, a palavra castidade deriva de *puro, não contaminado*, sem mistura. Fala-se de vinho casto, de água casta, de linguagem casta. Com o tempo, esta palavra assumiu um significado exclusivamente ligado à sexualidade com conotações morais, mas não é assim em sua origem.

Viver a castidade é superar o desejo exagerado da concupiscência, que é uma força excessiva que deve ser controlada não só na esfera da sexualidade, como também em todos os aspectos (alimento, bebida, poder, posse).

O Senhor nos concedeu o dom de todo bem para que saibamos usufruir de tudo com alegria, moderação e equilíbrio. Nada daquilo que o Senhor colocou em nós deve ser considerado impuro ou desprezível, pois tudo é dom, como diz Paulo apóstolo. Em nosso corpo, na harmonia e na sinfonia dos sentidos, existe uma verdadeira e própria liturgia da criação.

Um religioso, um homem e uma mulher que escolhem livremente ser castos não diminuem em nada sua realidade sexual ou seu desejo de amar e ser amado, mas o orientam com sabedoria e com prudência no amor do dom segundo o ensinamento de Cristo, do qual querem assimilar em plenitude os sentimentos.

Nesse sentido devemos compreender a leitura e reflexão que Jesus faz em Mateus 19.

Os eunucos pelo reino de Deus

A origem do discurso de Jesus não é sobre a castidade ou sobre o eunuquismo pelo reino de Deus, é somente sobre a santidade e a fidelidade matrimonial: é lícito ou não se despedir de sua mulher, se divorciando por qualquer motivo sentimental ou só por desejar outra?[2] A resposta de Jesus é clara: "Moisés, por causa da dureza dos vossos corações, vos permitiu repudiar vossas mulheres, mas desde o princípio não foi assim". À reação de decepção dos apóstolos — "Se é assim a condição do homem em relação à mulher, não vale à pena casar-se" — Jesus introduz a novidade de sua mensagem. Não se casar porque não somos capazes não é escolha, não se casar por impossibilidade de casar-se não é escolha.

Escolher livremente não se casar pelo reino do céu é fruto de amor, é dom, é graça.

Os apóstolos não puderam compreender esta nova linguagem do Espírito, e Jesus não dá explicações mas encerra o discurso "Quem tem ouvidos para ouvir, ouça!".

Eis o que é a alegria da castidade: uma escolha de amor.

---

2. Cf. Mateus 19,3: "Alguns fariseus se aproximaram dele, querendo pô-lo à prova. E perguntaram: 'É lícito repudiar a própria mulher por qualquer motivo que seja?'".

Pelo meu conhecimento bíblico — não através do estudo — parece-me poder indicar dois textos como os mais belos para compreender a castidade: João 15,13 e Romanos 12,1-4.

Em João, no capítulo 15,13, lemos: "Ninguém tem amor maior do que aquele que dá a vida por seus amigos". Sobre essa palavra de Jesus devemos aprofundar o nosso amor, o nosso conhecimento sobre a escolha da alegria e a plenitude da vida em uma fecundidade diferente — a da vida consagrada —, mas plena, porque gera não a vida biológica, mas a vida espiritual. Sem esse conhecimento não podemos compreender a beleza da força geradora no Espírito, nem sequer a da força biológica.

No segundo texto, Carta aos Romanos 12,1-4, lemos:

> Exorto-vos, portanto, irmãos, pela misericórdia de Deus, a que ofereçais vossos corpos, como hóstia viva, santa e agradável a Deus: este é o vosso culto espiritual. E não vos conformeis com este mundo, mas transformai-vos, renovando a vossa mente, a fim de poderdes discernir qual é a vontade de Deus, o que é bom, agradável e perfeito. Em virtude da graça que me foi concedida, eu peço a cada um de vós que não tenhais de vós mesmos um conceito mais elevado do que convém, mas uma justa estima, ditada pela sabedoria, de acordo com a medida da fé que Deus dispensou a cada um. Pois assim num só corpo temos muitos membros, e os membros não têm a mesma função.

Esta passagem nos oferece um Paulo livre, alegre em sua castidade corpórea, não imposta, mas colhida por ser um dom de Deus e não somente uma decisão humana. O corpo não é um inimigo nem um peso. É um amigo com o qual devemos dialogar e entrar em comunhão e viver em harmonia. É um amigo na peregrinação da santidade e da realização humana, afetiva e espiritual.

O corpo é um sacramento de comunhão que deve nos levar à santidade, à plenitude da vida. Tudo o que há em nós é força, é energia positiva que deve ser canalizada no seguimento e na imitação de Cristo para que produza vida em abundância.

Um exemplo

Se alguém nos perguntasse se a droga é coisa boa ou má, responderíamos imediatamente que é má, nociva, que ela destrói a harmonia das faculdades humanas.

No entanto, se refletirmos bem, nossa resposta é incorreta por conter uma visão parcial da questão. De fato, em caso de dor física ou psíquica como também em outros âmbitos da medicina, a droga torna-se um remédio. Uma benção de Deus que nos liberta do sofrimento, nos estimula, nos ajuda.

É o uso correto ou incorreto do homem que determina a bondade ou a maldade.

Assim, se alguém nos pergunta se a água é boa ou má a resposta imediata é dizer que é boa. E é verdade.

Mas se em caso de inundação vou sobre a ponte e grito "A água é boa! Que água boa!", corro o risco de ser linchado pelas pessoas que veem suas casas levadas pela força da correnteza.

Por outro lado, se a água canalizada produz energia, fecunda a terra, dá vida, assim também pode produzir morte e destruição, se não é canalizada.

Da mesma forma o fogo... Vimos a destruição pelo fogo quase incontrolável daquele grande monumento de fé, isto é, a catedral de Notre-Dame em Paris. Ninguém, naquele momento, gritava que o fogo é bom só porque é usado na cozinha e serve para se aquecer.

A força da sexualidade é simbolizada pelo fogo: deve ser canalizada pela caridade para que possa ser boa e produzir frutos de santidade no campo humano e espiritual. Por isto, o Senhor nos dá inteligência, vontade e critério para discernir, nas situações da vida, o caminho a seguir.

O homem e a mulher que decidem viver a castidade, não negando a própria sexualidade, mas orientando-a no amor a Deus e ao próximo, são capazes disto não pelas próprias forças, mas pelo auxílio da graça de Deus, porque a castidade não deve ser entendida como uma imposição e sim como um chamado particular.

A graça da castidade nos abre ao amor generoso sem limites até à oferta de si mesmo a Deus e ao próximo, nos torna livres para amar e servir aqueles que não têm ninguém... Os últimos, os deserdados, os descartados, desprezados da sociedade que, em vez disso, são os filhos prediletos aos olhos de Deus.

A castidade pressupõe um amor preferencial por alguém, antes mesmo de ser renúncia.

O pecado contra a castidade, além de ser uma ruptura da harmonia afetiva, é a manifestação do egoísmo que busca a própria satisfação e não a do outro. Tudo o que nos impede de encarnar o amor incondicionado é contra a castidade. Tudo o que nos escraviza e cria dependência nos outros é contra a alegria da castidade.

A nossa vontade é mais forte que o instinto

Deus, em seu profundo e imenso amor por nós, nos deu três faculdades: inteligência, memória e vontade que nos torna capazes de tomar decisões livres, opor-nos a qualquer imposição coercitiva, dizer sim ou não às ocasiões que se apresentam.

Diante do bem ou do mal, podemos escolher. A força do instinto não pode ser mais potente que a vontade e a liberdade.

Quando alguém me pede explicações sobre o porquê das tentações, de qualquer gênero, respondo sempre que não se trata de coisas más em si, mas que podem se tornar más com o mau uso da liberdade se, ao invés de repelir, abre-se a porta à ocasião do pecado.

Por que sinto fome, desejo de possuir as coisas e dominá-las? Isto é próprio do instinto humano e de nossa psique, e quando se apresenta uma má ocasião podemos dominar-nos.

> O Senhor disse a Caim: "Por que estás irritado e por que teu rosto está abatido? Se estivesses bem-disposto, não levantarias a cabeça? Mas se não estás bem-disposto não jaz o pecado à porta, como animal acuado que te espreita; podes acaso dominá-lo?" (Gn 4,6-7).

Um animal não é capaz de dominar o seu instinto, o homem, sim.
Um exemplo:

Colocamos diante de um cão, gato ou leão um pedaço de carne; se vemos que não comem, conclui-se que:

1. Ou já estão saciados, sem fome.
2. Ou, pelo faro, percebem que não é boa para eles e o perigo é maior que a força do instinto de comer.
3. Ou estão doentes e por isso recusam o alimento.

Para nós não é assim! A observância do voto de pobreza, castidade e obediência não deriva de obstáculos que impedem a fruição dos bens: escolhemos e decidimos viver pobres, obedientes e castos não por medo da posse nem mesmo por doença, de modo que "renunciamos" àquilo que em todo caso não poderíamos ter, mas sim por livre decisão. Só o homem é livremente capaz de fazer um jejum até morrer; podem colocar diante dele os alimentos mais finos, mas, com a força da vontade, pode decidir não comer.

A santidade, a observância da castidade e dos demais votos é graça de Deus e da nossa decisão.

É uma grande graça ser capaz de amar.

Não resta dúvida: a maior graça é ser capaz de amar e de ser amado, e a maior desgraça é não ser capaz de dar e recusar o amor.

Qual é a desgraça de não ser casto?

Mas, em última análise, por que não ser casto é uma desgraça e o que significa não ser casto? Como já disse, não podemos reduzir a castidade à esfera da sexualidade; embora a sexualidade entre no âmbito da castidade, ela não abarca toda a nossa castidade, que é capacidade de amar e conseguir um equilíbrio afetivo e emocional, válido também para a vida matrimonial.

O religioso que não vive a castidade nesta dimensão de abertura e de amor se torna uma verdadeira desgraça para si mesmo, para a Igreja, para a comunidade e para sua congregação, pois se fecha em si mesmo, assume uma atitude de pessimismo e tristeza que transparece e se faz comunicar a quantos encontra em sua vida. A castidade vivida como privação e negação da própria afetividade leva à busca de outros meios para ser feliz sozinho, à procura de momentos pessoais de gratificação e felicidade.

A desgraça de não ser casto, puro, maduro e afetivamente livre, transforma o religioso em um terrível egoísta que não vê outra coisa a não ser a si mesmo; caso lhe sobre algum tempo, aproveita para pensar ainda mais em si próprio.

No coração do impuro não pode existir espaço para a liberdade porque vive de inveja e vaidade, quer ser o único e isso o leva necessariamente a se aproveitar dos outros, procurando manipulá-los com promessas e presentes, de maneira a dominar a liberdade do irmão ou da irmã.

O religioso que não chega a viver a liberdade do domínio de seus instintos é verdadeiramente um alpinista social, vaidoso, sem discernimento e sem sinceridade, passa de um amor a outro.

Quem não procura e não chega à liberdade da castidade torna-se uma pessoa triste, fechada em si mesma, criando para si um espaço misterioso e nebuloso, talvez até mesmo através dos meios de comunicação, procurando uma afetividade midiática que ilude e engana pela ficção (filmes, pornografia), bem como também por outros meios que induzem dependência, como o álcool ou os bens de luxo que alimentam a necessidade de um exibicionismo.

Como se evita a impureza do coração?

Desejaria simplesmente indicar alguns métodos para evitar viver uma falsa castidade. Que caminho podemos trilhar para libertar-nos do instinto do prazer em toda a sua potencialidade? Creio que para ajudar-nos a experimentar a liberdade do amor na castidade consagrada, podemos ter presentes pelo menos cinco instrumentos:

1. *A oração*, fonte principal da Graça e do Espírito Santo. Devemos beber dela abundantemente, todos os dias, e dessedentar-nos nesta fonte da oração tanto pessoal como comunitária, especialmente na Eucaristia em que o próprio Jesus casto se dá como alimento e bebida para nossa viagem nessa terra até à Terra Prometida da vida eterna.

2. *A confissão.* É o sacramento que nos purifica e permite viver o amor na castidade em constante conversão. Não pode ser um sacramento esporádico, opcional, por costume, sem descer às profundezas do nosso ser como sugere o Salmo 50, o famoso salmo de arrependimento do rei Davi.

3. *A vida comunitária.* Viver juntos, querermo-nos bem como irmãos e irmãs, apoiarmo-nos uns aos outros, promovermo-nos e valorizarmo-nos é o segredo de uma verdadeira fecundidade interior. Pode-se viver o amor fraterno em comunidade, dando-o e recebendo-o indistintamente, evitando a criação de grupos exclusivos ou de comunidades paralelas fora da comunidade de pertença, onde podemos sentir-nos acolhidos, afagados e onde, quem sabe, encontremos a nós mesmos.

4. *O entusiasmo da missão.* A missão apostólica gera a fraternidade, a maternidade e a paternidade espiritual que nos abre ao amor de novos horizontes para dar-nos sem reservas e sem retorno. A dimensão missionária e apostólica não existe só em alguns institutos, ela existe também em toda vida cristã, especialmente aos que se entregam a Deus na vida religiosa, tanto ativa como contemplativa.

5. *A dimensão espiritual e a penitência.* A castidade, representada pelo lírio por seu candor, extrema delicadeza e fragilidade, exige uma atenção especial e um cuidado particular. Isso acontece através da direção espiritual da parte de uma pessoa sábia, experiente, um mistagogo — não necessariamente um psicólogo ou psicanalista — que seja capaz de guiar o consagrado e a consagrada no caminho do autodomínio e da liberdade interior.

Em minha vida, estes meios ajudaram-me e protegeram-me, e se eu puder ajudar outros serei bem feliz. É claro que cada um, conhecendo-se a si mesmo, no discernimento e na oração, pode encontrar tantos outros meios que a graça de Deus não deixa de oferecer.

Se o casto, livre no amor, é uma grande graça para a vida religiosa, não há dúvida de que o não casto, que não é livre no amor, é uma desgraça para a vida religiosa.

14
SERVIÇO E PODER

Toda a vida cristã se orienta para Jesus e ele, em diversas ocasiões, proclamou solenemente que veio não para ser servido, mas para servir. Declara-o diante dos apóstolos que discutiam entre si qual seria o maior. Então, Jesus, tomando uma criancinha e colocando-a ao centro, disse que só quem se tornar pequeno como uma criança — sem poder — e esteja disposto a servir será grande no reino do céu (cf. Mt 19). No lava-pés, o Evangelho de João (Jo 13) nos narra que Jesus, cingindo-se com uma toalha e lavando os pés a cada um dos discípulos, dá o exemplo de servir. Quem escolhe seguir mais de perto a Jesus, sumamente amado, escolhe livremente imitá-lo e servi-lo, como também servir os últimos, os descartados, aqueles que não têm ninguém que cuide deles e os considerem, não digo importantes, mas como pessoas dignas, que merecem respeito e amor.

O religioso que compreende a sua vida como serviço é uma grande graça de Deus para si mesmo, para a Igreja, para o mundo, para sua comunidade e para sua congregação.

"Não se escolhe o serviço", dizia minha mãe Domenica, mas se assume aquilo que se encontra ou o que nos é oferecido. Na medida em que trabalhamos e servimos com amor, o descobrimos como fonte de alegria, paz interior e entusiasmo.

Não é uma escola que ensina a servir em sentido cristão. Aprende-se permanecendo anos e anos à escuta de Jesus, na oração e na determinação de vencer a tentação de acomodar-se em um estilo de vida confortável; aprende-se reconhecendo e repelindo o desejo escondido, de ser "maior" para dominar os outros.

Quem se decide pelo serviço ao próximo não pode escolher a quem servir. Se lermos o Evangelho com atenção, encontramos uma constante na vida de Jesus e dos apóstolos: o nomadismo, ir de país em país, de cidade em cidade, servindo a todos que iam ao seu encontro. Deste modo, a postura de Jesus é um serviço não só espiritual ou material. A passagem de Jesus em nossa vida confere uma libertação integral.

A alegria do serviço tem sua fonte na gratuidade. Não se encontra alegria quando se serve para receber uma recompensa, pois nesse caso o salário será sempre insuficiente e incapaz de satisfazer as necessidades mais ou menos urgentes e vitais que surgem na vida.

O servo e o operário, como nos recorda a própria palavra de Deus, têm direito ao seu salário. Não há lembrança, pelo menos eu nunca ouvi falar, de religiosos ou sacerdotes que morreram de fome porque o povo não os alimentou. O povo tem um amor especial por aqueles que servem ao altar. São amados, mas com uma condição: que sejam realmente servidores e disponíveis, e não busquem uma vida luxuosa, cômoda, com um nível mais elevado que o da pobre gente a quem querem servir.

A vida religiosa é uma graça de serviço que vem de Deus e retorna a Deus... Devemos ser conscienciosos da nossa pobreza, protegendo a alegria escondida que procede da vontade de doar-nos totalmente e dar tudo para que os outros sejam felizes.

Uma experiência minha

Teresa d'Ávila diz: *"Só falo da minha experiência"*. Disse-o referindo-se à oração. O caminho espiritual da grande mística e doutora da Igreja, fundadora do Carmelo reformado, oferece a todos em seus livros não só sua experiência de oração, mas toda sua experiência humana, espiritual e eclesial.

Houve uma época em que estava muito angustiado porque pensava com insistência que ninguém pensava em mim. É uma experiência terrível que, se não for controlada, pode levar à depressão, à introspecção e à negatividade da vida. Por que ninguém se preocupava comigo? Com a minha saúde? Com a minha vida, a minha missão?

Lentamente cheguei a uma única conclusão: o motivo pelo qual me angustiava era porque *uma* pessoa — acreditava que fosse a única — se preocupava muito comigo. Quem era? Eu mesmo.

Decidi tomar o caminho contrário e comecei a esquecer-me totalmente de mim mesmo; não me preocupar com minha vida, minha saúde, minha missão; então, muitas pessoas começaram a ocupar-se comigo, um exército de amigos e pessoas desconhecidas passaram a ter uma atenção particular para comigo.

A alegria de servir é como um encontro radiante de amizade, que nos abre a uma vida de paz, amor e dom, abre-a a todos aqueles que encontramos no caminho, sem distinção.

Para o religioso, o servir não é uma imposição, mas uma escolha livre, pois se fosse vivido como uma imposição não haveria alegria, mas profunda tristeza e frustração.

Os consagrados ao serviço de Deus estão convencidos que não têm direito a nada pelo fato de que o seu serviço é movido pelo amor incondicional; por isso, recebem como dom de fraternidade e de amor quanto lhes é dado.

A alegria de servir não interfere também quando se verifica a possibilidade de que nosso serviço não seja aceito, recusado. A recusa não desencoraja. Quem escolhe servir não se detém, continua seu caminho mesmo por estradas onde, pelas margens, encontram-se pessoas em estágio final de vida, que esperam socorro e ajuda para se levantarem e ser curadas de suas feridas físicas e morais.

Ser servos, escravos — não porque reduzidos a tais por um poder ou pela obediência cega, sem critérios —, mas só por amor. *"Não há maior amor que dar a vida pelos próprios amigos"* (Jo 15,13).

Tudo na vida religiosa é serviço, muitas vezes passageiro, temporário; o que importa não é quem se serve, onde e quando se serve, mas *como se serve.*

Ser superior, papa, bispo, cozinheiro, porteiro ou faxineiro não altera muito na teologia e mística do serviço. Tudo é graça e nos leva a viver na santidade.

Poder-se-á objetar que é fácil dizer e escrever, mas não o é viver. É verdade! Porém é preciso termos dentro de nós uma profunda convicção e autêntica humildade, as quais encontram a sua força na oração e no dom contínuo de si mesmo.

Encontra-se, em tudo, a alegria de servir

Quando eu era jovem carmelita, no convento de Pisa, havia um belíssimo coral, regido às vezes por Pe. Ferdinando e outras por Pe. Graziano. Éramos convidados a cantar em várias igrejas e eu também, apesar de ser desafinado ao máximo, ia junto, certamente não para cantar. Minha tarefa era segurar o livro de música para que o maestro pudesse marcar o tempo; finalmente, também eu como os outros recebíamos os aplausos com alegria. Meu serviço poderia parecer inútil; na verdade, porém, havia sua importância e eu acreditava nisso profundamente, pois, de outra forma, como o maestro poderia marcar o tempo se não olhasse a música? E os cantores, sem o maestro que marcasse o tempo, como poderiam cantar?

Tudo é importante quando nos sentimos integrados ao todo, quando agimos e caminhamos juntos.

Servir é uma graça que não se alcança magicamente, mas é um serviço constante de autodomínio, de fé, de amor, do dom melhor de nós mesmos.

A desgraça do poder

Muitos religiosos são ótimos, plenos de boas intenções, serviçais, pessoas boas enquanto não forem colocadas em cargos superiores e construírem suas pirâmides faraônicas de poder e domínio. É uma forte tentação em que todos correm o risco de cair e é necessário um constante equilíbrio para não ceder a uma postura de domínio.

Também eu caio muitas vezes nessa tentação, porém, levantando-me lentamente, ainda que não totalmente, para vencê-la. Pelo menos, penso que caio só de vez em quando, só para dizer que não estou acostumado ao demônio do poder.

Não quero que pensem que vejo o poder como um demônio, mas, seguramente, posso dizer que devemos prestar atenção ao modo de exercitá-lo. O religioso ou o clérigo que cai na tentação do "clericalismo" torna-se verdadeiramente uma *desgraça* para a comunidade, para a Igreja e para a sociedade. Se todas as ditaduras são perigosas e devemos nos libertar delas, muito mais perigosas são as da Igreja e da vida religiosa que, mediante promessas, leis e supostas prerrogativas de autoridade, acabam ocorrendo por si só.

A *desgraça* do abuso do *poder* destrói a fraternidade, criando divisões e conflitos internos na comunidade e nos grupos.

Na vida religiosa, como na Igreja, dizem que não se deve fazer política e "propaganda eleitoral"; antigamente as constituições do instituto e das ordens religiosa o proibiam e algumas estabeleciam penas aos transgressores. Porém, não é raro que semelhante "campanha eleitoral" aconteça, não abertamente, mas à noite, nos corredores, com meias palavras.

É a pior desgraça. Observam-se grupos que defendem interesses pessoais, conservação de privilégios, liberdades, em detrimento dos valores da vida religiosa, como a oração, o carisma, a missão, a vida comum.

O religioso que ama o poder, que o busca, o acaricia, o deseja, torna-se um peso e um descontentamento que provoca dificuldades relacionais para si mesmo e para os outros.

O poder é uma droga que pode gerar costume, que domina a vontade de quem o possui, que muitas vezes ajusta leis e normas a fim de não perdê-lo. Esse sistema vicioso não ajuda a vitalidade, a criatividade e o sentido de liberdade da vida consagrada.

Vi chorar com meus olhos

Vi, com meus olhos, superiores chorarem quando deixaram o seu cargo de autoridade dizendo a si mesmos: *"Que farei agora, haja vista que não sei fazer outra coisa?"*.

Durante seu mandato, esses religiosos, no exercício da autoridade, perderam o sentido do serviço e das coisas simples, e criaram mecanismos para serem servidos, tendo à própria disposição carro, motorista, dinheiro. Este estilo de vida os torna incapazes de compreender os pobres, aqueles que não possuem meios próprios e viajam a pé ou com meios públicos, que não têm dinheiro para um copo de água quando têm sede ou um sorvete quando faz calor.

Isso não acontece somente através da autoridade de quem é superior em sentido jurídico. Pode acontecer com qualquer religioso que recebe um encargo quando o executa de modo exclusivo, criando-se um pequeno mundo em que é a única referência e responsável. Pode ser encarregado da cozinha, da portaria, da lata de lixo ou da lavanderia, onde tudo está debaixo de chave e onde alguém, para ter acesso ou obter algo, deve esperar um tempo indeterminado.

A doença do poder é uma doença cancerosa e contagiosa, que impede a alegria de servir e cria uma dinâmica viciosa feita de subterfúgios, com a busca de "meios" para possuir não só o necessário, mas também o supérfluo, a fim de satisfazer necessidades fictícias.

A desgraça do poder se torna tal, quando a autoridade se transforma em meio para dominar os outros, para criar divisões, partidos e grupos, que a liberdade de agir e de pensar é ameaçada, até desaparecer.

A desgraça do poder é como quando se "gruda" na poltrona e não se quer ceder o lugar a outro. Devemos educar-nos a recordar que somos passageiros e que tudo acaba, às vezes muito depressa, como uma bola de sabão.

A desgraça da autoridade é não querer deixar o cargo. Na minha filosofia e mística compreendi que é mais digno e mais fraterno deixar o lugar de autoridade antes que lhe tirem. É sempre muito realista ter consciência dos próprios limites físicos e mentais, ou compreender quando somos incapazes de gerir determinadas situações. Muitas vezes o exercício irresponsável da autoridade torna-se abuso do poder que impede ou sufoca iniciativas e propostas que não partem do superior ou do seu grupo.

A graça do serviço e a desgraça do poder devem ser administradas por quem recebe o poder de autoridade. Há uma liberdade e uma alegria no servir, assim como há na autoridade; porém, o mais importante é não se deixar prender por nada e usar tudo com equilíbrio.

15
DOCILIDADE E ARROGÂNCIA

Outra grande graça da vida religiosa é a *docilidade* à palavra de Deus, à palavra dos irmãos e irmãs que falam ao nosso coração, ao Espírito Santo que suscita em nós a capacidade de ler os sinais dos tempos e reconhecer o lugar para o qual somos chamados a estarmos presentes.

A *docilidade* nos propõe uma profunda interrogação: ser dóceis a quem? Como e quando? O cristão — o religioso — não perde jamais a sua identidade e não deve perdê-la, deve ser capaz de defendê-la, sabendo, ao mesmo tempo, que vive em busca, relação e dependência da vontade de Deus. Deus não é mudo e também, quando fala através das mediações dos superiores, não se impõe jamais, deixando a cada um tempo para refletir e a liberdade de responder de modo responsável.

Uma imagem bíblica muito bela de docilidade encontra-se, sem dúvida, no livro do profeta Jeremias. Trata-se da imagem da argila nas mãos do oleiro, que evoca a maleabilidade que permite a Deus cumprir a sua obra.

> Palavra que foi dirigida pelo Senhor a Jeremias: "Levanta te e desce à casa do oleiro: lá te farei ouvir as minhas palavras": Eu desci à casa do oleiro, e eis que ele estava trabalhando no torno. E estragou-se o vaso que ele estava fazendo, como acontece à argila na mão do oleiro. Ele fez novamente outro vaso, como pareceu bom aos seus olhos. Então a palavra do Senhor me foi dirigida nestes termos: "Não posso eu agir convosco como este oleiro, ó casa de Israel?, oráculo do Senhor. Eis que, como a argila na mão do oleiro, assim sereis vós na minha mão, ó casa de Israel!" (Jr 18,1-6).

A argila não tem consciência do que é e do que pode tornar-se. É o oleiro que faz o projeto baseado em suas ideias e depois realiza o trabalho o mais perfeitamente possível, como o havia projetado. Amassa, modela, faz e desfaz a argila e não descansa enquanto o vaso não sair perfeito.

Qual é o projeto de quem entra na vida religiosa? Ser sem projeto, tornar-se como a argila nas mãos de Deus e dos formadores, como um papel em branco que docilmente deixa os outros escreverem.

Saber aceitar tudo e não ter nada pré-estabelecido não é um caminho de incapacidade, e sim de docilidade. João da Cruz, o santo do nada, guia os principiantes a um despojamento que não é o nada de si mesmo, mas uma nudez que deve introduzir, mediante a fé, ao Tudo que é Deus.

Deus pede a docilidade aos que ele chama.

Deus diz "Vai!" e o profeta vai. Não sabe aonde vai, porém está disposto a colocar-se a caminho.

Santa Teresa Benedita da Cruz, Edith Stein, a carmelita filósofa, cansada de buscar respostas às suas interrogações existenciais na sabedoria humana, dirige-se diretamente à fonte da ciência da Cruz. Graças a esta fonte, cujo guia foi a doutrina de São João da Cruz, nasceu o seu livro *Ciência da Cruz*. A ocasião desta busca aconteceu na celebração do terceiro centenário da morte do santo doutor místico carmelita, mas na realidade foi movida mais profundamente pela necessidade de encontrar respostas ao drama da humanidade perseguida naquele tempo pela opressão nazista.

Teresa Benedita escreve: "Deus nos conduz, não sabemos aonde nos conduz, mas ele nos conduz".

O religioso dócil é aquele que compreendeu a pedagogia do povo de Israel, o qual, sem saber aonde chegará, deixa-se conduzir por Deus e pela palavra inspirada dos profetas, através do deserto e até a Terra Prometida.

O religioso dócil compreendeu que não deve deixar-se dominar pela preocupação exagerada pelas coisas, pelo futuro ou pelos projetos, mas deve abandonar-se a Deus e deixar-se guiar por ele, que é o Bom Pastor.

Salmo 22 (23)

> O Senhor é meu pastor, nada me falta.
> Em verdes pastagens me faz repousar.
> Para as águas tranquilas me conduz
> e restaura minhas forças;
> ele me guia por caminhos justos,
> por causa de seu nome.
>
> Ainda que eu caminhe por um vale tenebroso,
> nenhum mal temerei, pois estás junto a mim;
> teu bastão e teu cajado me dão segurança.

Diante de mim preparas uma mesa,
à frente de meus opressores;
unges minha cabeça com óleo,
e minha taça transborda.

Sim, felicidade e amor me seguirão
todos os dias de minha vida;
minha morada é a casa do Senhor
por dias sem fim.

A familiaridade com Deus amadurece na oração, na meditação, na docilidade, torna o religioso capaz de reconhecer bem a voz do seu pastor que é Jesus e também de todos aqueles que receberam o ministério da autoridade, e por eles se deixa conduzir. Também a docilidade não pode ser imposta, deve ser disposição amorosa e inteligente. Como é belo ler nesta chave o trecho do Evangelho de João 10, a parábola do Bom Pastor:

"Em verdade, em verdade, vos digo: quem não entra pela porta no redil das ovelhas, mas sobe por outro lugar, é ladrão e assaltante; o que entra pela porta é o pastor das ovelhas. A este o porteiro abre: as ovelhas ouvem a sua voz e ele chama as suas ovelhas uma por uma e as conduz para fora. Tendo feito sair todas as que são suas, caminha à frente delas e as ovelhas o seguem, pois conhecem a sua voz. Elas não seguirão um estranho, mas fugirão dele, porque não conhecem a voz dos estranhos". Jesus lhes apresentou essa parábola. Eles, porém, não entenderam o sentido do que lhes dizia.

Disse-lhes novamente Jesus: "Em verdade, em verdade, vos digo: eu sou a porta das ovelhas. Todos os que vieram antes de mim são ladrões e assaltantes: mas as ovelhas não os ouviram. Eu sou a porta. Se alguém entrar por mim, será salvo, entrará e sairá e encontrará pastagem. O ladrão vem só para roubar, matar e destruir. Eu vim para que tenham a vida e a tenham em abundância. Eu sou o bom pastor: o bom pastor dá a vida pelas suas ovelhas. O mercenário, que não é pastor, a quem não pertencem as ovelhas, vê o lobo aproximar-se, abandona as ovelhas e foge, e o lobo as ataca e dispersa, porque ele é mercenário e não se importa com as ovelhas. Eu sou o bom pastor; conheço as minhas ovelhas e as minhas ovelhas me conhecem, como o Pai me conhece e eu conheço o Pai. Eu dou minha vida pelas minhas ovelhas. Mas tenho outras ovelhas que não são deste redil: devo conduzi-las também; elas ouvirão minha voz; então haverá um só rebanho, um só pastor".

O religioso dócil não resiste por conta do orgulho ou da vaidade, pois caminha na estrada da humildade, como a Virgem Maria que se põe a caminho para servir sua prima Isabel.

A docilidade nos torna amáveis, serenos, tranquilos, e supera a agressividade que pode surgir pelas contrariedades da vida.

A docilidade nos conduz à *esichia*, a arte da tranquilidade tão presente na vida dos padres do deserto, que haviam abandonado todos os desejos mundanos não lutando mais pelas coisas da terra, e que derrotaram dentro de si o "demônio" da arrogância prepotente, sempre presente em atitude de disputa para defender aquilo que crê lhe pertencer.

O religioso dócil não busca a realização de si mesmo, permanece à disposição a fim de partir para onde for enviado, vai com alegria mesmo aonde ninguém quer ir e saberá criar o seu futuro glorioso.

A alegria de ser dócil é uma graça de Deus e cria espaços para o diálogo e a escuta; sabe ver com olhos benignos e positivos as propostas que lhe são feitas. Nessa graça da docilidade parece-me que podemos encontrar a alegria de sermos escolhidos por Deus.

O que pede quem entra na vida religiosa?

Quem se decide a entrar na vida religiosa não pede nada, não faz projetos, despoja-se das pretensões humanas.

A quem chega a um convento ou a um mosteiro carmelita para ser recebido no noviciado é dirigida uma simples pergunta: "O que pedes?"

O candidato responde segundo uma fórmula prescrita e, muitas vezes — como aconteceu comigo —, sem saber profundamente o que aquilo significava, pois será a vida que lhe "explicará":

> Peço a Misericórdia de Deus, a companhia dos irmãos e a pobreza da Ordem.

Não pede para estudar, frequentar universidade ou ser musicista para acompanhar a liturgia; nem para ser um sábio e menos ainda superior, ir às missões, fazer este ou aquele trabalho. Não pede para habitar com tais irmãos em uma determinada casa, com tal e tal clima, e ter todos os meses um "pequeno salário" para suas despesas pessoais, ajudar a família ou viver a vida religiosa até quando lhe convier. Não pede uma renda para seus genitores e que, quando forem idosos ou doentes, possa ir assisti-los.

Pede três coisas bem precisas, que dependem só de Deus e de mais ninguém.

Irá a qualquer parte e em qualquer parte encontrará a misericórdia de Deus, que não está ligada a um único lugar, a um trabalho, a uma missão. A misericórdia de Deus é como a chuva que cai do céu: para lá não retorna sem ter produzido aquilo que Deus deseja; a misericórdia de Deus é como o sol que brilha em toda parte e para todos.

> Como a chuva e a neve descem do céu
> e para lá não voltam sem terem regado a terra,
> tornando-a fecunda e fazendo-a germinar,
> dando semente ao semeador e pão ao que come,
> tal ocorre com a palavra que sai da minha boca:
> ela não torna a mim sem fruto;
> antes, ela cumpre a minha vontade
> e assegura o êxito da missão para a qual a enviei (Is 55,10-11).

> Eu, porém, vos digo: amai os vossos inimigos e orai pelos que vos perseguem; desse modo vos tornareis filhos do vosso Pai que está nos céus, porque ele faz nascer o seu sol igualmente sobre maus e bons e cair a chuva sobre justos e injustos. Com efeito, se amais os que vos amam, que recompensa tendes? Não fazem também os publicanos a mesma coisa? E se saudais apenas os vossos irmãos, que fazeis de mais? Não fazem também os gentios a mesma coisa? Portanto, deveis ser perfeitos como vosso o Pai celeste é perfeito (Mt 5,44-48).

Em todo convento e comunidade, o religioso encontrará a companhia dos irmãos e das irmãs, talvez não daqueles ou daquelas que escolheria — mas, dócil, não escolhe, acolhe e recebe, feliz de partilhar com os irmãos seu caminho de fé e missão.

Terá sempre a possibilidade de viver a pobreza da ordem, que não depende do pouco dinheiro que ela possui nas contas bancárias, mas do amor à pobreza de Cristo e à confiança na providência de Deus, ao saber contentar-se com o que há e o que lhe será dado, considerado que terá muito mais do que o necessário.

É na docilidade pessoal e comunitária que nos tornamos profetas de Deus, capazes de vencer todos os medos e anunciar o Evangelho de Cristo com franqueza e sem cansar-nos.

A arrogância é uma desgraça

Se a docilidade, irmã da paciência e da bondade, é uma graça quando resplandece no rosto de todos, mas muito mais no de um religioso, não é preciso muito para entender que a arrogância, irmã da prepotência, é uma desgraça que fere muitas pessoas, afasta da comunhão fraterna e não permite viver em um clima de paz. Disse-o o apóstolo Paulo, na carta aos Efésios, com palavras severas e ao mesmo tempo plenas de ternura:

Isto, portanto, digo e no Senhor vos testifico. Não andeis como andam os demais gentios, na futilidade de seus pensamentos, com entendimento entenebrecido, alienados da vida de Deus pela sua ignorância e pela dureza de seus corações, tendo-se tornado insensíveis e entregando-se à dissolução para praticarem avidamente toda sorte de impureza.

Vós, porém, não aprendestes assim a Cristo, se realmente o ouvistes e, como é a verdade em Jesus, nele fostes ensinados a remover o vosso modo de vida anterior — o homem velho, que se corrompe ao sabor das concupiscências enganosas — e a renovar-vos pela transformação espiritual da vossa mente, e revestir-vos do Homem Novo, criado segundo Deus, na justiça e santidade da verdade. Por isso abandonai a mentira e falai a verdade cada um ao seu próximo, porque somos membros uns dos outros. Irai-vos, mas não pequeis: não se ponha o sol sobre a vossa ira, nem deis lugar ao diabo. O que furtava não mais furte, mas trabalhe com as suas próprias mãos, realizando o que é bom para que tenha o que partilhar com o que tiver necessidade. Não saia dos vossos lábios nenhuma palavra inconveniente, mas, na hora oportuna, a que for boa para a edificação, que comunique graça aos que ouvirem. E não entristeçais o Espírito Santo de Deus, pelo qual fostes selados para o dia da redenção. Toda amargura e exaltação e cólera, e toda a palavra pesada e injuriosa, assim como toda malícia, sejam afastadas de entre vós. Sede bondosos e compassivos uns com os outros, perdoando-vos mutuamente, como Deus em Cristo vos perdoou (Ef 4,17-32).

Quem abraça a vida religiosa, através de um caminho de conversão, vai modificando seu modo de pensar, falar e agir segundo Cristo, que é o *fermento* que transforma a nossa vida e nos assimila aos seus mesmos sentimentos de bondade e misericórdia.

A arrogância, em vez disso, nos afasta de Deus e dos outros. A missão do arrogante não pode dar bons frutos. Sem a doçura de Cristo só serão evangelizados os bancos da Igreja, porque ninguém se sentirá atraído e, se alguém se dirigir a ele, não será por estima e amor, mas por medo velado ou por necessidade. O arrogante, com seu modo áspero, não estará em condições de entrar nos corações, faltando-lhe a chave da delicadeza, e se encontrará só.

O que é a arrogância?

É olhar os outros do alto, considerar-se superior a todos. A arrogância é um sentimento de inferioridade mascarado por atitudes de superioridade, é uma fuga da própria incapacidade que exaspera, que torna a pessoa insensível e intransigente em relação aos limites dos outros.

O arrogante é desde o início um fracassado. Seu estilo de vida, seu comportamento e palavras ferem; quando não magoa com palavras, fere com o olhar e com o desprezo ao julgar as ações alheias.

A arrogância é a arma da pessoa medíocre, que se serve de seu temperamento forte para humilhar, desprezar e ridicularizar as qualidades do outro. O arrogante é normalmente uma pessoa insegura e incompetente que sabe desfrutar de sua posição mascarando-se com uma personalidade forte.

A arrogância torna as pessoas incapazes de estabelecer relações de amizade e cooperação; ficam convencidas de terem sempre razão e, quando não a têm, não aceitam os que pensam diversamente.

A arrogância na Igreja, na comunidade e na vida religiosa é sobretudo uma epidemia que se estende sempre mais pelo contágio através da mediocridade e da ignorância.

Não é difícil individuar uma pessoa arrogante. Normalmente não tem um profundo conhecimento das coisas, mas crê ser o mais informado de todos e procura "mexericos" que destroem os outros e não constroem comunhão. Não tem grande experiência, mas uma terrível necessidade de falar de si e ter a última palavra sobre tudo; é incapaz de ouvir opiniões e experiências dos outros, quer que os outros lhe ouçam e se aborrecem rapidamente ao ouvi-los.

O religioso, o político e qualquer homem ou mulher doentes de "arrogância" não aceitam críticas; são teus amigos enquanto não os contradizem; louvam-se a si mesmos exibindo os próprios méritos sem esperar que outros o façam em seu favor.

A pessoa dócil e humilde é sempre feliz, podendo enriquecer a própria vida com a experiência alheia; é feliz quando se dá conta de que não é a mais sábia e que os outros podem lhe ensinar.

O arrogante, em sua insegurança, não aceita que alguém duvide de suas afirmações, prefere permanecer radicado em suas convicções, mesmo superadas, do que mudar de ideia. Tem medo do futuro, enterra-se em si mesmo e com arrogância se nomeia o guardião da verdade.

O arrogante e a arrogância não devem ser confundidos com o zelo pela verdade, que deve ser sempre guardada e defendida; nenhuma verdade é fechada em si mesma, mas é uma porta que abre a conhecimentos sempre novos.

É difícil corrigir o religioso arrogante, não se podem prever suas reações e tratar com ele; é necessário um espírito corajoso que saiba abordá-lo e ajudá-lo a acalmar suas atitudes. O fim da arrogância é a solidão, não há amigos, não há convicções próprias, vive só de ilusões, tanto nas palavras como no comportamento.

O religioso arrogante, nos conflitos com os demais, não aceita escusas, não perdoa e não se desculpa, pois não está convencido do seu erro. Em última análise, não ama a si mesmo nem os outros, esforça-se para sobreviver e permanece flutuando no oceano da vida, à força de braçadas, com a própria arrogância.

A arrogância nos torna perigosos, fundamentalistas, defensores não da verdade, mas de ideias, ideologias e opiniões pessoais; é provocante, passa noites em claro procurando a maneira de colocar os outros à prova, como faziam os fariseus que com dureza intelectual buscavam colocar Jesus à prova, e que por sua vez não eram defensores da verdade, mas de si mesmos. Jesus, com humildade, apresentava seu ponto de vista, não voltava atrás, não se impunha com arrogância.

A *docilidade* é uma *graça* na vida humana e mais ainda na vida religiosa e na Igreja.

A *arrogância*, ao invés, é uma *desgraça*, uma bomba-relógio que cedo ou tarde pode vir a destruir o edifício da vida comunitária e mesmo a missão evangelizadora.

16
TRABALHO E PREGUIÇA

O trabalho e o desejo de trabalhar são uma grande *graça* para o religioso que não vive de renda nem do trabalho dos outros, mas ganha o pão com o suor do seu rosto. A lei do trabalho é dada por Deus desde a fundação do mundo, mesmo antes do pecado e não como consequência do pecado, quando Deus confiou ao homem a responsabilidade de cuidar da terra. O pecado tornou pesada essa tarefa e muito cansativo o empenho de ganhar o necessário para o sustento.

Não é possível imitar Jesus sem recordar que o Filho de Deus trabalhou com suas próprias mãos[1]. Ele próprio, antes da vida pública e de seus deslocamentos na cidade da Palestina a fim de anunciar o Reino de Deus e o Evangelho, era um trabalhador, conhecido como o "filho do carpinteiro".

> Chamou ao seu seguimento todas as pessoas adultas que não estavam de braços cruzados esperando o pão do céu, mas trabalhadores assíduos na pesca, no comércio, nas armas, na cobrança de impostos.

Lemos, na vida dos primeiros monges, que estes homens abandonavam sua vida ativa para dedicar-se a Deus. Necessitavam do trabalho a fim de se manterem e, como diz Basílio, o Grande, trabalhavam para si e para ajudar os pobres que batiam à porta dos seus mosteiros. Trabalhavam nos campos ou no artesanato, como a confecção de cestos que vendiam nos mercados da cidade. Imitavam o exemplo do Apóstolo Paulo que, *para não ser pesado a ninguém*, havia se dedicado à fabricação de tendas[2].

---

1. Cf. *Gaudium et Spes*, nº 22: "Com a Encarnação o Filho de Deus se uniu, de modo especial, a cada homem. Trabalhou com mãos humanas, pensou com inteligência humana, agiu com vontade humana, amou com coração humano. Nascendo da Virgem Maria, se fez verdadeiramente um de nós, em tudo, exceto no pecado".
2. Cf. 2 Tessalonicenses 3,6-12.

As ordens mendicantes

As "ordens mendicantes"[3] não surgiram por preguiça ou desprezo do trabalho, mas em contraste com a riqueza excessiva da Igreja, dos clérigos, dos mosteiros femininos e masculinos que haviam se tornados verdadeiros escravos da pobreza. Surgiram por forte desejo de identificação com os últimos, os fracos, os marginalizados, como sinal profético em aberta recusa derivada do grande ideal de são Bento de Núrcia, que havia dado aos seus monges uma forma de vida baseada no equilíbrio entre trabalho manual e oração; os monges uniam a liturgia, isto é, o *Opus Dei*, ao trabalho manual.

Nas origens, os frades mendicantes, por humildade, não pediam esmolas, esperavam a oferta espontânea e contentavam-se com o que lhes era concedido, sem pretensões.

O tema da mendicância levou a visões distorcidas da vida consagrada, que chegaram até à mesa dos trabalhos do Concílio Vaticano II[4], o qual esclareceu a prática do voto de pobreza. Não se trata mais de depender da benevolência dos

---

3. Ordens religiosas (dominicanos, franciscanos, agostinianos, carmelitas, trinitários, mercedários, servos menores, fatebenefratelli [Ordem hospitaleira], betlemitas) cuja regra primitiva (sobretudo das duas ordens maiores: dominicanos e franciscanos) impõe a pobreza não só dos indivíduos, como também dos conventos, e que providenciem os meios de sustento pelas esmolas, além do próprio trabalho. Cf. <http://w.w.w.trecanti.it/enciclopédia/ordens-mendicantes/>.

4. *Perfectae caritatis*, n. 13: "A pobreza voluntariamente abraçada para colocar-se ao seguimento de Cristo, a qual é hoje um sinal muito apreciado, seja cultivada diligentemente pelos religiosos e, se for necessário, encontrem-se novas formas para exprimi-la. Por meio dela participa-se à pobreza de Cristo, o qual de rico como era se fez pobre por nosso amor, a fim de enriquecer-nos com sua pobreza (cf. 2Cor 8,9; Mt 8,20). No que diz respeito à pobreza religiosa, não basta depender dos superiores no uso dos bens, é necessário que os religiosos sejam pobres efetivamente e em espírito, tendo seu tesouro no céu (Mt 6,20). Em seu ofício, obedeçam a lei comum do trabalho e, enquanto providenciam os meios necessários a seu sustento e às suas obras, afastem de si toda preocupação excessiva e se confiem à Providência do Pai celeste (cf. Mt 6,25). As congregações religiosas em suas constituições podem permitir que os seus membros renunciem aos bens patrimoniais adquiridos ou a adquirir. Os próprios institutos, levando em conta as condições de cada lugar, busquem dar, de algum modo, um testemunho coletivo da pobreza e de boa vontade; destinem alguma parte dos seus bens a outras necessidades da Igreja e ao sustento dos pobres, que todos os religiosos devem amar nas vísceras de Cristo (cf. Mt 19,21; 25,34-46; Tg 2,15-16; 1Jo 3,17). As províncias e outras casas de institutos religiosos troquem entre si os bens temporais, de modo que os que possuem mais ajudem aqueles que sofrem com a pobreza. Igualmente os institutos, salvo disposições contrárias da regra e constituições, tenham o direito de possuir tudo o que é necessário a seu sustento e a suas obras; todavia, devem evitar todo luxo, lucro excessivo e acúmulo de bens".

benfeitores, de pedir ou esperar esmolas, e sim de "obedecer à lei comum do trabalho", ganhar o pão de cada dia com o suor da própria fronte. O trabalho será olhado como caminho de identificação, uma vez que a maioria da humanidade é obrigada a trabalhar não para viver dignamente, mas, às vezes, para sobreviver.

Portanto, o religioso que vive à sombra da casa de Deus deve trabalhar.

Porém seria um erro reduzir o trabalho a uma única atividade manual. O primeiro trabalho do religioso nasce da fidelidade à sua missão, uma dedicação total ao serviço de Deus e dos irmãos, que começará do empenho cotidiano da purificação interior de si mesmo para ser santo, totalmente disponível "78 horas" por dia para tudo o que lhe é pedido.

A vida religiosa não é um *serviço*, é uma vocação, não é uma empresa com a finalidade de acumular bens ou aumentar as contas no banco, mas uma vida de austeridade, simplicidade, confiança na Providência e no Pai do céu que jamais nos deixa faltar o necessário.

"Olhai os lírios do campo."

> Por isso vos digo: Não vos preocupeis com a vossa vida quanto ao que haveis de comer, nem com o vosso corpo quanto ao que haveis de vestir. Não é a vida mais do que o alimento e o corpo mais do que a roupa? Olhai as aves do céu: não semeiam, nem colhem, nem ajuntam em celeiros. E, no entanto, vosso Pai celeste as alimenta. Ora, não valeis vós mais do que elas? Quem dentre vós, com as suas preocupações, pode acrescentar um só côvado à duração da sua vida? E com a roupa, por que andais preocupados? Olhai os lírios do campo, como crescem, e não trabalham nem fiam. E, no entanto, eu vos asseguro que Salomão, em toda sua glória, se vestiu como um deles. Ora, se Deus veste assim a erva do campo, que existe hoje e amanhã será lançada ao forno, não fará ele muito mais por vós, homens fracos na fé? Por isso, não andeis preocupados, dizendo: Que iremos comer? Ou, que iremos beber? Ou, que iremos vestir? De fato, são os gentios que estão à procura de tudo isso: o vosso Pai celeste sabe que tendes necessidade de todas essas coisas. Buscai, em primeiro lugar, o Reino de Deus e a sua justiça, e todas essas coisas vos serão acrescentadas. Não vos preocupeis, portanto, com o dia de amanhã, pois o dia de amanhã se preocupará consigo mesmo. A cada dia basta o seu mal (Mt 6,25-34).

O Senhor Jesus, com este ensinamento, se dirige a todos aqueles que o seguem, especialmente aos que desejam segui-lo *mais de perto*.

O religioso trabalhador está sempre em movimento para servir onde é chamado ou, como os operários *da última hora*, permanece a espera de alguém que o chame. Jamais dirá não a quanto lhe é pedido.

A graça do trabalho, na vida religiosa, abraça todo o empenho do religioso. Desejo colocar em evidência três aspectos para que não os esqueçamos:

1. A oração é trabalho. Não se pode considerar a oração, pessoal ou litúrgica, um repouso do corpo e, ainda menos, do espírito. É um trabalho muitas vezes duro, cotidiano, que exige de nós uma fidelidade igual — para não dizer maior — à daqueles que trabalham em uma fábrica e que batem o ponto na entrada e na saída. Quem não reza com fidelidade, com amor e empenho, pode-se dizer que não deve comer[5].

2. A missão é um trabalho que não se escolhe em vista de um salário ou de uma recompensa, mas porque nos foi confiado. Devemos dar-nos totalmente à nossa missão, dar o melhor de nós mesmos; é um trabalho cansativo e exigente, e muitas vezes temos vontade de deixar tudo. Toda vida religiosa tem sua missão específica. Diz santa Teresa d'Ávila: "Muitos pensam que na vida contemplativa não há dificuldade, muitas vezes há mais do que para aqueles que vivem vida ativa"[6].

3. Os trabalhos da casa. O que podemos fazer não devemos deixar para outros fazerem. A nossa casa tem necessidade do nosso trabalho simples e cotidiano, pois cuidar dos espaços comuns é uma maneira de cuidar da comunidade. A atenção irá do jardim à cozinha, da capela à lavanderia; devemos estar atentos à limpeza de tudo.

O religioso trabalhador é uma grande graça, não descansa e não espera ser servido, sabe que sua missão é servir em tudo e a todos.

Em nosso trabalho deve prevalecer a gratuidade e não a espera da recompensa dos outros: primeiramente há o serviço generoso e profissional da tarefa a que somos chamados não ao lucro que podemos ganhar.

"Por que entramos na vida religiosa?", pergunta santa Teresa d'Ávila às suas monjas para não se deixarem tentar pela preguiça. Ela mesma responde com seu

---

5. Cf. 2 Tessalonicenses 3,6-12: "Nós vos ordenamos, irmãos, em nome do Senhor Jesus Cristo, que vos afasteis de todo irmão que leve vida desordenada em vosso meio e não segue o ensinamento que recebestes de nós. Isto, porque estais bem cientes que deveis nos imitar. Não vivemos na ociosidade entre vós, nem recebemos de graça o pão que comemos; antes, no esforço e na fadiga, de noite e de dia, trabalhamos para não sermos pesados a nenhum de vós. Não porque não tivéssemos direito a isso, mas para vos dar exemplo a ser imitado. Quando estávamos entre vós, já vos demos esta ordem: *quem não quer trabalhar também não deve comer*. Ora, ouvimos dizer que alguns dentre vós levam vida à toa, muito atarefados sem nada fazer; a estas pessoas ordenamos e exortamos, no Senhor Jesus Cristo, que trabalhem na tranquilidade, para ganhar o pão com o próprio esforço".

6. *Cammino di perfezione*, Postulazione Generale [*Caminho de perfeição*, Postulação Geral], Roma, 1985, cap. 18, 1-3, pp. 616-617, cf. Appendice.

humorismo e sarcasmo feminino: "Persuadi-vos, minhas filhas, viestes aqui para morrer por Cristo e não descansar por Cristo"[7].

Falando de algumas monjas que se impõem penitências sem critério e depois tem medo de perder a saúde, disse a santa:

> É realmente um espetáculo ver algumas monjas sempre aflitas pelo tormento que infligem a si mesmas. [...] Aguentando então apenas por alguns dias [...], logo o demônio põe em sua cabeça que isso as prejudicou, fazendo-as temer as penitências e impedindo-as de cumprir o que manda a Ordem [...]. Não guardam sequer pequenas exigências da Regra — como o silêncio, que certamente não faz mal; imaginemos que, porque nos dói a cabeça, deixamos de ir ao coro — o que tampouco nos mataria —, de modo que um dia não vamos porque temos enxaqueca, noutro, porque a tivemos no dia anterior, depois mais três para que não nos venha[8].

Diz em outro lugar:

> E tanto se procura guardar a Regra mediante a manutenção da saúde que se acaba morrendo sem tê-la cumprido inteiramente por um mês, às vezes nem por um dia. Não sei para que estamos aqui[9].

O religioso que escolhe a Igreja e a missão como espaço do seu trabalho é chamado a realizá-lo sempre com alegria, dedicação, sem jamais cansar-se; e, quando estiver cansado, senta-se como Jesus junto ao poço de Sicar, na Samaria (Jo 4), esperando que chegue alguém necessitado.

O trabalho do religioso é a perfeição, a santidade, a disponibilidade; o dom total de sua vida é em tudo pensar em todos: em cada coisa, o centro de sua vida é Deus e o próximo.

A dedicação ao próximo nos leva sempre a nos esquecermos. É belo chegar à noite e poder dizer: "Hoje estou cansado, não vou assistir televisão nem entrar na internet, rezarei uma Ave Maria e adormecerei"; antes de terminar a Ave Maria já estaremos adormecidos.

O trabalho do religioso é fonte de alegria porque feito por amor, com amor e sem interesse. Um pedaço de pão, um copo de água e outras poucas coisas o fazem feliz.

---

7. *Cammino di perfezione*, Codice dell'Escorial [*Caminho de perfeição*, Códice do Escorial], Città Nuova: Roma, 1980, cap. 15, 2, p. 79.

8. Ibidem.

9. *Cammino di perfezione*, Postulazione Generale [*Caminho de perfeição*, Postulação Geral], Roma, 1985, cap. 10,5, p. 586.

O religioso preguiçoso é uma desgraça

Se a preguiça fosse coisa boa, não estaria na lista dos vícios capitais e a nossa consciência não nos reprovaria. Exatamente por isso ela é uma atitude que poucos reconhecem em si mesmos, de fato, ela se esconde no coração de cada um de nós. É muito sutil, mascara-se com facilidade e nem sempre é fácil individuá-la e corrigi-la. A preguiça procede do termo *acídia*, que provém do grego e significa *falta de cuidado, indiferença*, e poderíamos também expressá-la assim: "Não me interessa, não é meu dever".

O preguiçoso, quando está bem, faz o mínimo indispensável para prosseguir seu dever e, se for possível, deixa que outros o façam.

O preguiçoso parece-me bem definido pelo apóstolo Paulo na segunda carta aos Tessalonicenses, quando diz que "vivem uma vida desordenada, sem fazer nada e sempre em agitação"[10].

O preguiçoso vive uma contínua letargia, desperta só para comer e tornar a dormir ou repousar.

O que diz a Bíblia do preguiçoso?

A palavra de Deus não é palavra benévola para os preguiçosos, ela os fustiga com humorismo e sarcasmos finíssimos, como sabe fazer o profeta ou o sábio que vê, torce o nariz e não tem medo de dizer o que pensa.

Embora atribuído ao rei Salomão, na verdade não conhecemos o autor do livro de Provérbios, mas sabemos como os provérbios em todas as culturas reúnem a mais fina flor da sabedoria popular. No capítulo 6,6-11 encontramos este ensinamento irônico:

> Anda, preguiçoso, olha a formiga,
> observa o seu proceder e torna-te sábio;
> sem ter um chefe,
> nem um guia, nem um dirigente,
> no verão acumula o grão
> e reúne provisões durante a colheita.
> Até quando dormirás, ó preguiçoso?
> Quando irás levantar do sono?

---

10. 2 Tessalonicenses 3,10-13: "Quando estávamos entre vós, já vos demos esta ordem: quem não quer trabalhar também não deve comer. Ora, ouvimos dizer que alguns dentre vós levam vida à toa, muito atarefados sem nada fazer; a estas pessoas ordenamos e exortamos, no Senhor Jesus Cristo, que trabalhem na tranquilidade, para ganhar o pão com o próprio esforço. Quanto a vós, irmãos, não vos canseis de fazer o bem".

Um pouco dormes, cochilas um pouco;
Um pouco cruzas os braços e descansas;
Mas te sobrevém a pobreza do vagabundo
e a indigência do mendigo!

Temos o quadro perfeito do preguiçoso. Dir-se-ia que passa todo o tempo imaginando o dia em que, utilizando um controle remoto, não mais fará nenhum esforço para tomar o alimento do prato e levá-lo à boca, bastará acionar um botão e o alimento lhe será levado comodamente.

O profeta Jeremias não usa palavras brandas e condescendentes para aquele que é tão preguiçoso nas coisas de Deus quanto na luta contra os inimigos; assim, um soldado preguiçoso já perdeu a batalha, da mesma forma que um atleta que quer vencer uma competição sem esforço jamais chegará à meta.

Jeremias 48,10-12

Maldito o que faz com negligência o trabalho do Senhor!
E maldito o que priva de sangue sua espada!
Moab estava tranquilo desde a sua juventude
e repousava como vinho em sua borra,
nunca fora trasvasado de barril a barril,
nunca partira para o exílio;
por isso mantinha o seu sabor
e seu perfume não se tinha alterado.
Por causa disso, eis que dias virão,
— oráculo do Senhor — em que lhe enviarei
transvasadores que o transvasarão,
esvaziarão seus vasos e quebrarão suas ânforas.

Provérbios 10,4-5

A mão preguiçosa empobrece,
O braço diligente enriquece.
Quem recolhe no outono é prudente
E quem dorme no tempo da colheita é indigno.

Provérbios 14,23

Toda fadiga traz proveito;
O palavrório, porém, só traz indigência.

Provérbios 18,9

> O homem preguiçoso em seu trabalho
> é irmão do destruidor.

Provérbios 19,15

> A preguiça faz cair no torpor;
> o ocioso passará fome.

Esse é um pequeno panorama do estilo do preguiçoso, daquele que não ama o que faz e se refugia no ócio esperando tudo dos outros, que quer ao seu redor um exército de servos que se submetam a ele — isso, porém, enquanto não acabar o seu dinheiro, à semelhança do filho pródigo da parábola (Lc 15) e que, finalmente, encontra-se só, trabalha para sobreviver e nada mais.

O religioso preguiçoso pode também ser aparentemente fiel à vida religiosa: sempre presente na oração comunitária, pontual no refeitório; depois, no ócio, espera outro momento comunitário para estar presente. Portanto, desse modo faz o menos possível.

Desejo ainda citar um texto do livro dos provérbios, um retrato do preguiçoso que prefere ir ao encontro dos perigos do que reagir a fim de se libertar. O preguiçoso será sempre uma pessoa sem sucesso, acabará por mendigar a compaixão das pessoas.

Provérbios 26,13-16

> O preguiçoso diz: "Há uma fera no caminho,
> um leão pelas ruas!"
> A porta gira nos seus gonzos,
> e o preguiçoso no seu leito.
> O preguiçoso põe a mão no prato:
> levá-la à boca é muita fadiga!
> O preguiçoso se crê mais sábio
> do que sete pessoas que respondem com tato.

Até mesmo o apóstolo estava preocupado com a comunidade de Tessalônica, no interior da qual havia alguns que, esperando a segunda vinda do Senhor Jesus, julgavam inútil dedicar-se ao trabalho e que seria melhor vadiar pelas estradas ou em fútil palavreado. O apóstolo Paulo diz com coragem a essas pessoas que trabalhem para ganhar pelo menos o pão, do contrário, sequer poderão comer.

2 Tessalonicenses 3,11-12

> Ora, ouvimos dizer que alguns dentre vós levam vida à toa, muito atarefados sem nada fazer. A estas pessoas ordenamos e exortamos, no Senhor Jesus Cristo, que trabalhem na tranquilidade, para ganhar o pão com o próprio esforço.

A regra do Carmelo traz essa citação. Vê-se que havia o perigo de que entre os eremitas do Monte Carmelo — estamos entre 1206-1209 — houvesse aqueles que preferiam estar todo o dia em sua gruta esperando que alguém lhes trouxesse o alimento, ou aqueles que tinham a esperança de que viessem novamente os corvos que haviam trazido o pão para o profeta Elias. Mas essa raça de corvos já há muito estava extinta.

O religioso ou o sacerdote preguiçoso e a irmã preguiçosa são uma verdadeira desgraça para a congregação. O ócio traz consigo a murmuração como primeiro defeito. Quem não tem nada a fazer preenche as 24 horas do dia rodando de uma parte à outra, falando mal dos outros ou buscando *fake news* para fazer girar o mundo.

É muito importante na vida religiosa jamais deixar alguém, independentemente da idade, sem um trabalho pré-estabelecido; que cada um tenha sua ocupação compatível com sua idade, saúde e capacidade.

Quem não pode mais ter um cargo na direção de uma escola ou um hospital, ou na direção de uma paróquia, pode regar as flores, preparar o refeitório, ordenar uma biblioteca ou espanar os móveis.

O ócio, como diziam os velhos e sábios latinos, e depois deles os velhos e sábios monges do deserto, é pai de todos os vícios. Na preguiça, se o corpo repousa não é assim para a mente nem para a fantasia, tampouco para as tentações; todos agem e entram pela porta da preguiça.

Ser trabalhador é viver segundo a dinâmica do Evangelho, que não elogia jamais a preguiça, porém admoesta sempre a atenção pelas necessidades do outro, e isso comporta trabalho.

> Meu pai trabalha sempre e eu também trabalho (Jo 5,17).

Reduzir o trabalho ao labor manual é uma visão acanhada, como também o é reduzir o trabalho só à oração e à atividade intelectual, o que implica termos serventes ao nosso redor para os trabalhos mais simples e tarefas domésticas. Na vida religiosa é bom sermos o mais autossuficientes quanto possível para as necessidades ordinárias, nossas e dos irmãos com os quais convivemos.

Na vida consagrada, ter amor pelo trabalho é uma graça, enquanto reduzir-se a uma vida de preguiça ou de ócio é uma desgraça que não pode ser agradável a Deus e aos que vivem conosco.

17
VERDADE E MENTIRA

Se existe um livro que exalta com alegria e firmeza a verdade e condena com a mesma firmeza toda espécie de mentira, é a Bíblia. Deus é definido como Verdade que se revela ao homem para que deixe de caminhar nas trevas da mentira e possa viver sob a luz fulgurante da verdade. Jesus, no Evangelho, proclama: "Eu sou o caminho, a verdade e a vida" (Jo 14,6). "Quem me segue, não caminhará nas trevas, mas terá a luz da vida" (Jo 8,12).

O pai da verdade é Deus e o pai de toda mentira é o diabo. Os filhos de Deus se nutrem da verdade, os filhos do diabo se alimentam abundantemente da mentira. Creio ser suficiente reler o capítulo 17 do Evangelho de São João, o evangelista que melhor nos fala da verdade que é Cristo, o qual não só se revela como Verdade, mas nos envolve, consagrando-nos nela[1].

É como eu já disse — embora seja bom repetir —, a Verdade não tem necessidade de ser provada por meio de silogismos ou de raciocínios sutis, não é uma questão a ser argumentada, nem mesmo uma ideologia que tenha necessidade de elucubrações e saltos mortais para aparecer como verdade indiscutível. A verdade afirma-se por si mesma, é luz que brilha na noite, vê-se, toca-se com a mão e nos transforma em verdade e luz. Muitíssimas vezes, para comprovar a verdade, devemos empreender o único caminho que é o de seguir Jesus no seu silêncio. Quando Pilatos lhe pergunta "O que é a verdade"?, Jesus prefere o silêncio que confirma a própria verdade e a humildade da verdade, revela-a só com suas obras. A árvore se conhece pelos frutos.

---

1. João 17,17-19: "Santifica-os na verdade; a tua palavra é verdade. Como tu me enviaste ao mundo, também eu os enviei ao mundo. E, por eles, a mim mesmo me santifico, para que sejam santificados na verdade".

Diz Santa Teresa d'Ávila: "Deparei logo (a meu ver, sem que eu o considerasse, de modo repentino) com o seguinte: Deus é a suma Verdade, e a humildade consiste em andar na verdade"[2].

Na humildade se esconde a verdade que nos liberta.

Consagrados na verdade

As palavras de Jesus na grande oração sacerdotal (Jo 17,17) há muito tempo orientam a minha vida. É difícil pregar um retiro, tanto para sacerdotes como para consagrados e consagradas, sem citar este trecho que contém uma força de transformação. Somos consagrados na e da verdade.

Primeiramente, convido cada um a ler com muita atenção e de coração aberto todo o capítulo 17, a oração com a qual Jesus consagra toda a vida ao pai. Jesus viveu a serviço do Pai, para o pai e com o Pai, consagrado pela missão do Espírito Santo (cf. Lc 4,16-19): "O Espírito do Senhor está sobre mim (me chamou), porque ele me ungiu para evangelizar e proclamar…"; os três são verbos ativos, dinâmica que ilumina toda a vida no espírito e na beleza da vocação, a qual não é uma decisão própria, é resposta livre a um chamado da parte de Deus que toma a iniciativa. É o encontro de duas liberdades: de Deus que chama e da pessoa que responde.

Capítulo 17 do Evangelho de João

Assim falou Jesus, e, erguendo os olhos ao céu, disse: "Pai, chegou a hora: glorifica teu Filho, para que teu Filho te glorifique e que, pelo poder que lhe deste sobre todos, ele dê a vida eterna a todos os que lhe deste! Ora, a vida eterna é esta: que eles te conheçam a ti, o único Deus verdadeiro, e aquele que enviaste, Jesus Cristo. Eu te glorifiquei na terra, conclui a obra que me encarregaste de realizar. E, agora, glorifique-me, Pai, junto de ti, com a glória que eu tinha junto de ti antes que o mundo existisse. Manifestei o teu nome aos homens que do mundo me deste. Eram teus e os deste a mim e eles guardaram a tua palavra. Agora reconheceram que tudo quanto me deste vem de ti, porque as palavras que me deste eu as dei a eles, e eles as acolheram e reconheceram verdadeiramente que saí de junto de ti, e creram que me enviaste. Por eles eu rogo; não rogo pelo mundo, mas pelos que me deste, porque são teus, e tudo o que é meu é teu e tudo o que teu é meu, e neles sou glorificado. Já não estou no mundo; mas eles permanecem no mundo e eu volto a ti. Pai santo, guarda-os em teu nome que

---

2. *Castelo interior*, Sextas Moradas, cap. 10,7.

me deste, para que sejam um como nós. Quando eu estava com eles, eu os guardava em teu nome que me deste; guardei-os e nenhum deles se perdeu, exceto o filho da perdição, para cumprir-se a Escritura. Agora, porém, vou junto de ti e digo isso no mundo, a fim de que tenham em si minha plena alegria. Eu lhes dei a minha palavra, mas o mundo os odiou, porque não são do mundo, como eu não sou do mundo. Não peço que os tires do mundo, mas que os guardes do Maligno. Eles não são do mundo como eu não sou do mundo. Santifica-os na verdade, a tua palavra é verdade. Como tu me enviaste ao mundo, também eu os enviei ao mundo. E, por eles, a mim mesmo me santifico, para que sejam santificados na verdade. Não rogo somente por eles, mas pelos que, por meio de sua palavra, crerão em mim, a fim de que todos sejam um. Como tu, Pai, estás em mim e eu em ti, que eles estejam em nós, para que o mundo creia que tu me enviaste. Eu lhes dei a glória que me deste para que sejam um, como nós somos um: Eu neles e tu em mim, para que sejam perfeitos na unidade e para que o mundo reconheça que me enviaste e os amaste como amaste a mim. Pai, aqueles que me deste quero que, onde eu estiver, também eles estejam comigo, para que contemplem minha glória, a que me deste, porque me amaste antes da fundação do mundo. Pai justo, o mundo não te conheceu, mas eu te conheci e estes reconheceram que tu me enviaste. Eu lhes dei a conhecer o teu nome e lhes darei a conhecê-lo, a fim de que o amor com que me amaste esteja neles, para que eu mesmo esteja também neles".

Em que consiste a consagração?

A alegria de Deus é encontrar alguém que se deixe invadir pelo seu amor, que acolha a força do Espírito Santo que consagra e torna capaz de se colocar no seguimento de Jesus de Nazaré. Agrada-me definir a consagração como uma invasão de Deus à pessoa, a qual, sem ser privada de sua liberdade, torna-se totalmente sua, através de um "Sim" que não conhece limite.

É a consagração total da pessoa, da cabeça aos pés, não uma parte de nosso ser: a pobreza não consagra só as coisas ou só a capacidade, mas toda nossa vida, assim também a obediência não diz respeito somente a uma parte da nossa vontade, da castidade ou da sexualidade, mas todo nosso ser é envolvido na pobreza, na obediência, na castidade e na missão.

O Código de Direito Canônico, cânon 573 §1, define deste modo a vida consagrada:

> A vida consagrada pela profissão dos conselhos evangélicos é uma forma estável de viver, pela qual os fiéis, seguindo mais de perto a Cristo sob a ação do Espírito Santo, consagram-se totalmente a Deus sumamente amado; para assim,

dedicados por título novo e especial à sua honra, à construção da Igreja e à salvação do mundo, alcançarem a perfeição da caridade no serviço do Reino de Deus e, transformados em sinal preclaro na Igreja, preanunciarem a glória celeste.

Consagrar significa separar algo do uso ou âmbito "profano" e dedicá-lo totalmente a Deus. *Profano* é o que está fora do recinto sagrado, fora do templo e que pode ser destinado e empregado para qualquer finalidade porque não pertence ao Senhor. Uma vez adquirido e introduzido no templo para ofertá-lo a Deus, não pode ser readquirido para outro uso que não seja o Senhor.

Um caso verdadeiro

Conheci um zeloso sacristão, muito atarefado a serviço de um sacerdote que era mais amigo do dinheiro do que de Deus. O povo comprava as flores e as velas expostas fora da igreja para colocá-las diante da imagem da Virgem Maria ou de santa Teresinha do Menino Jesus. Devoções louváveis e ótima atitude, muito difundida. O sacristão, com a permissão do padre, observava o momento no qual o oferente terminava suas orações; ele, então saía e precipitava-se para tomar as flores e as velas e revendê-las a outro devoto. Isso era simonia. Portanto, uma vida ofertada a Deus o é para sempre, para ser consumida pelo Senhor.

A Igreja costuma "consagrar" determinados objetos para o culto — uma igreja, o altar. Utiliza-se, para esse ato, o óleo bento na missa crismal da Quinta-feira Santa. Esse óleo santo é usado durante o ano só para consagrar; usa-se naqueles sacramentos que "imprimem" um caráter, quer dizer, um sinal indelével, que existirá para sempre. Não há uma consagração temporária, isso não faria sentido. Quando Deus se apodera de algo, o faz para sempre.

"Tirai as sandálias porque este lugar é santo" (Ex 3,1-6)[3]

A consagração acontece através do *Sagrado Crisma*, com o qual são ungidas as mãos dos sacerdotes e a cabeça do Bispo no dia de sua Ordenação, a toalha do altar

---

3. Êxodo 3,1-6: "Apascentava Moisés o rebanho de Jetro, seu sogro, sacerdote de Madiã. Conduziu as ovelhas para além do deserto e chegou a Horeb, a montanha de Deus. O Anjo do Senhor lhe apareceu numa chama de fogo, no meio de uma sarça. Moisés olhou, e eis que a sarça ardia no fogo, e a sarça não se consumia. Então disse Moisés: 'Vou aproximar-me para admirar esta visão maravilhosa: como é que a sarça não para de queimar?'. Viu o Senhor que ele se aproximava para ver. E Deus o chamou do meio da sarça. Disse: 'Moisés,

e a cruz da Igreja no dia de sua dedicação, o peito das crianças no sacramento do Batismo e a fronte do crismando. Espero que, um dia, a Igreja, na *profissão solene* ou *perpétua* dos votos, como também o religioso e a religiosa, sejam todos ungidos com o crisma para manifestar (renovando a unção Batismal) a total tomada de posse da pessoa por parte de Deus.

Não nos consagramos individualmente, como não nos oferecemos para ser consagrados; quem consagra é sempre o Espírito Santo, com sua santa unção que nos penetra até à medula e nos transforma em sua "propriedade" absoluta. Após a consagração pertencemos a Deus e ao seu serviço, não mais nos é lícito usar nossa vontade, nosso corpo, nossas capacidades e os objetos a nosso "uso pessoal e individual", porque pertencem a Deus.

É uma graça poder compreender isso, vivê-lo na *Verdade* que consagra e que nos torna *Verdade* luminosa e transparente do Mistério de Deus que vive em nós.

A *Verdade* na palavra, nas obras e na vida é uma luz que ilumina a noite do mundo no qual vivemos, o qual é composto de acordos e ambiguidades que criam escândalos entre o povo de Deus.

O religioso, consagrado na *Verdade*, torna-se uma presença do Deus vivo que evoca sempre o essencial de sua vocação, o motivo de ter ofertado tudo e a si mesmo a fim de pertencer a Deus. O consagrado se torna uma teofania da Luz do Eterno e ao mesmo tempo é mistagogo, porque transmite sua experiência, e pedagogo, porque ensina com a vida aquilo que ele mesmo vive.

A verdade nos fará livres

Parece-me que o primeiro fruto da verdade é a alegria do coração e a tranquilidade da consciência por não ter sido manipulado, nem escravizado pela mentira, pelo medo por interesses pessoais ou de grupo.

Só a verdade nos dá a plena liberdade de sermos autênticos, anunciar o Evangelho, respeitar o próximo e ao mesmo tempo exigir o respeito para nós. Vivemos em uma sociedade de manipulação, que exercita a violência sobre nosso caráter, nossa vida e nossa religião. A verdade nos dá o verdadeiro sentido da liberdade de coração e de agir.

Moisés'. Este respondeu: 'Eis-me aqui'. Ele disse 'Não te aproximes daqui, tira as sandálias dos pés porque o lugar em que estás é uma terra santa'. Disse mais: 'Eu sou o Deus de teus pais, o Deus de Abraão, o Deus de Isaac e o Deus de Jacó'. Então Moisés cobriu o rosto, porque temia olhar para Deus".

O próprio Jesus nos ensina como deve ser a nossa verdade: deve ser austera, monossilábica e feita de poucas explicações, que não devem confundir nem obscurecer a compreensão da verdade.

"O vosso falar seja sim, sim e não, não; o resto vem do demônio", daquele que divide. Desde que procurei compreender esta palavra de Jesus e colocá-la em prática, confesso que a minha vida se tornou simples; não me agradam os longos discursos que necessitam de outro discurso a fim de serem compreendidos.

O religioso, consagrado da verdade, vive a liberdade da verdade.

É uma experiência que não se pode transmitir por palavras, experiência interior que nos torna leves e ajuda-nos a voar sobre as nuvens das complicações, dos filosofismos e teologismos que não se ajustam à transparência da palavra de Deus e aos que anunciam o Evangelho.

A escravidão da mentira

O próprio Jesus define o diabo como o pai da mentira. O diabo procura tentar-nos não através da verdade, mas mediante a mentira disfarçada de luz, com aparência de verdade e que, entretanto, nos engana.

Bastaria somente ler as três tentações com as quais o demônio procura convencer Jesus a tornar-se uma "vitrine" do seu poder. Jesus repele todas as tentações, não com sua palavra nem discutindo, mas com a antiga Palavra de Deus diante da qual o demônio abaixa a cabeça.

O diabo, mestre da mentira, não se dá por vencido, espera sempre outra oportunidade para retomar seu ataque. Com o diabo e com a mentira não devemos discutir, porque sempre perderemos a batalha.

Se a verdade não tem necessidade de ser provada porque se prova por si mesma, a mentira tem necessidade de outra mentira para "revelar" a verdade. Com uma palavra, SIM ou NÃO, se confirma a verdade; pelo contrário, para reafirmar uma mentira são necessários longos discursos.

Por exemplo, se alguém me perguntasse se fui à Igreja ou se visitei um doente ou se fui tomar um sorvete... minha resposta pode ser rápida, com um SIM ou com um NÃO...

Mas depois, se fosse descoberto que não fui, para justificar o motivo pelo qual não fui seria necessário um livro de mentiras ou de pretextos mentirosos.

Ser mentiroso é uma escravidão sem fim.

Uma recordação da infância

Quando pequeno, lá pelos meus 10 anos, minha mãe me disse: "hoje, para mim não é possível ir à Missa; tenho muito trabalho, vá você e saúde dom Rodolfo por mim" (esse era o nome do pároco).

Saí de casa para ir à Missa, mas ao encontrar os colegas fui pescar, calculando bem o tempo para retornar para casa.

Ao retornar, encontrei, como sempre, minha mãe preparando o almoço e, como de costume, ela me deu um pedaço de carne, chamou-me e perguntou: "Como foi a missa, cumprimentou dom Rodolfo?".

Minha resposta imediata foi: *"Sim"*.

Sem se alterar ela me deu uma bofetada, que até hoje me faz doer os dentes, e disse:

"Fui à missa e não te vi. Você deveria ter vergonha de ficar mentindo. Depois fica dizendo que vai ser padre…"

Foi uma lição que me serviu… A mentira nos domina e faz mal a quem a diz e a quem a ouve. É uma máscara que deve cair, antes ou depois, cai por si.

Há um provérbio que diz: "O diabo faz a panela, mas não a tampa", assim acontece com a mentira que não produz nenhum fruto.

São vários os textos bíblicos que mostram a insensatez da mentira usada para "ficar bem na foto", para aparecer, para ser estimado ou para não perder a autoestima.

Entre todos, escolho um; trata-se da vida de Ananias e Safira (At 5,1-11):

> Certo homem, chamado Ananias, com sua mulher, Safira, vendeu uma propriedade. Mas, com a conivência da esposa, reteve parte do preço. Levando depois uma parte, depositou-o aos pés dos apóstolos. Disse-lhe então Pedro: "Ananias, por que encheu Satanás o teu coração para mentires ao Espírito Santo, retendo parte do preço do terreno? Porventura, mantendo-o não permaneceria teu e, vendido, não continuaria em teu poder? Por que, pois, concebeste em teu coração este projeto? Não foi a homens que mentiste, mas a Deus". Ao ouvir estas palavras, Ananias caiu e expirou. E um grande temor sobreveio a todos os que disto ouviram falar. Os jovens, acorrendo, envolveram o corpo e o retiraram, dando-lhe sepultura.
>
> Passou-se um intervalo de cerca de três horas. Sua esposa, nada sabendo do que sucedera, entrou. Pedro interpelou-a: "Dize-me, foi por tal preço que vendestes o terreno?" E ela respondeu: "Sim, por tal preço". Retrucou-lhe Pedro: "Por que vos pusestes de acordo para tentardes o Espírito do Senhor? Eis à porta os pés do que sepultaram teu marido; eles levarão também a ti". No mesmo instante ela caiu a seus pés e expirou. Os jovens, que entravam de volta, encontraram-na

morta; levaram-na e a enterraram junto a seu marido. Sobreveio então grande temor à Igreja inteira e a todos os que tiveram notícia destes fatos.

O religioso — consagrado pela Verdade e a serviço da Verdade — que é mentiroso perde a sua credibilidade, sua força de persuasão e sua transparência. São Paulo assim exortava os cristãos de Éfeso: "Por isso abandonai a mentira e falai a verdade cada um ao seu próximo. Porque somos membros uns dos outros" (4,25); e, aos Colossenses: "Não mintais uns aos outros. Vós vos desvestistes do homem velho com as suas práticas e vos revestistes do homem novo, que se renova para o conhecimento segundo a imagem do seu criador" (3,9-10).

Não somos obrigados a dizer o que não queremos dizer, o silêncio é uma belíssima atitude para não mentir. Não é sempre verdade o provérbio que diz que o silêncio confirma a palavra do outro — *quem cala consente*.

A mentira é uma traição

A mentira, na imaginação popular, tem o nariz longo e as pernas curtas. Isso significa que antes ou depois será descoberta, trazendo grande vergonha e nenhuma vantagem. E quando a mentira é a nível comunitário ou de um grupo, torna-se uma máfia que protege os erros com outros erros.

O religioso que mente, mesmo que, como se diz, seja *para o bem*, atraiçoa-se a si mesmo e a sua consciência... O único travesseiro no qual se pode dormir tranquilo é o da verdade.

É uma traição à nossa consciência, aos nossos princípios e para com as pessoas que vivem conosco.

A mentira, na vida religiosa ou em qualquer estado de vida, é uma desgraça que nos impede de ser transparentes e sinais credíveis no reino de Deus e entre o povo. O mentiroso perde a sua credibilidade e sempre inventa novos subterfúgios para não ser desmascarado.

A mentira é um pecado do qual devemos nos converter; devemos assumir a verdade como o único caminho que nos dá a paz interior.

A mentira do religioso, do homem e da mulher de Deus, assume uma gravidade ainda maior, como estão a serviço de Deus, que é a Verdade absoluta, a qual não fala nas trevas, nem na mentira.

A mentira é o pior mal da pessoa, da comunidade, da Igreja, e da sociedade. Quando falamos da mentira devemos sempre abrir todas as janelas do horizonte, desde a falsificação da assinatura nas contas, das palavras e dos fatos... Muitas vezes, tudo isto é realizado por "autodefesa" até se tornar calúnia, difamação e destruição da verdade alheia. Nenhum de nós é isento da tentação do diabo ou da acomodação por meio da mentira, mas devemos sempre estar abertos à conversão, a assumir pessoalmente as consequências da mentira que possamos ter dito por medo, incapacidade, precipitação ou outros motivos. Quem mente é digno de reprovação; quem diz a verdade para reparar a mentira é digno de respeito, de amor e de recuperação da confiança pelo ato corajoso e honesto de ter reconhecido seu erro.

Como a Bíblia julga o mentiroso?

Com severidade e certo sarcasmo. Desejo fechar esta reflexão com o capítulo 20 de Sirácida:

> Há repreensão inoportuna,
> há quem se cale e se mostre prudente.
> É melhor repreender do que irar-se.
> Aquele que se acusa de uma falta evita a pena.
> Como um eunuco que tenta violar uma jovem,
> assim é o que quer fazer justiça pela força.
> Há quem se cala e passa por sábio,
> há quem se torna antipático de tanto falar.
> Há quem se cala por não ter resposta
> e há quem se cala por conhecer o momento oportuno.
> Cala-se o sábio até o momento oportuno;
> o falador e o insensato não esperam ocasião.
> Quem fala muito se torna detestável
> e aquele que se arroga autoridade será odiado.
> Como é belo ver arrepender-se aquele a quem se admoesta;
> Desta maneira, tu também escaparás a uma falta voluntária.
> Na desgraça um homem pode encontrar salvação
> e a fortuna pode provocar a ruína.
> Há um presente que não te serve para nada
> e há um presente que rende o dobro.
> Às vezes a glória traz a humilhação
> e há quem da humilhação levanta a cabeça.
> Há quem compre muitas coisas por um preço baixo
> e há quem pague sete vezes mais.
> O sábio com as suas palavras torna-se amável,
> mas as gentilezas do estulto são derramadas em vão.
> O presente do insensato não te serve para nada,
> porque seus olhos estão ávidos para receber sete vezes.
> Ele dá pouco e censura muito,
> abre a boca como um leiloeiro.

Empresta hoje, amanhã pede de volta.
É um homem odioso.
O estulto diz: "Não tenho amigo,
ninguém me é grato pelos meus benefícios;
os que comem o meu pão são falsos no falar."
Quantas e quantas vezes se riem dele.
É melhor escorregar no chão do que na língua,
assim virá rápida a queda dos maus.
Um homem grosseiro é como zombaria
repetida por imbecis.
Vindo da boca de um estulto um provérbio não é aceito,
porque não o diz a seu tempo.
Há quem é preservado de pecar devido à pobreza
e no seu repouso não terá remorso.
Há quem se perde por respeito humano,
perde-se por causa de um insensato.
Há quem por timidez faça promessas ao amigo,
e conquista gratuitamente um inimigo.
A mentira para o homem é uma nódoa vergonhosa,
está sempre na boca dos mal-educados.
É melhor um ladrão do que um homem que sempre mente;
ambos, porém, terão por herança a perdição.
O hábito da mentira é uma abominação
e a infâmia do mentiroso acompanha-o sem cessar.
O sábio por suas palavras torna-se estimado
e o homem sensato agrada aos grandes.
Aquele que cultiva a terra obtém boa colheita,
o que agrada aos grandes encontra perdão para a injustiça.
Dádivas e presentes cegam os olhos do sábio
e, como uma mordaça na boca, retêm as repreensões.
Sabedoria oculta e tesouro invisível,
para que servem ambos?
É melhor um homem que oculta a sua loucura
do que o homem que oculta a sua sabedoria.
É melhor perseverar na busca pelo Senhor
que ser um cocheiro livre da própria vida.

Não há necessidade de comentários, só de refletir e ver a beleza e o esplendor da verdade.

A verdade nos consagra na verdade.

A verdade nos liberta.

Na verdade, podemos ajudar os outros a serem livres.

Testemunho e contratestemunho

Somos chamados, como consagrados na Verdade, a viver na transparência e não na ambiguidade da palavra e da vida. O religioso não dá testemunho do que ouviu dizer ou do que os outros dizem ter visto, e sim daquilo que ele viu e experimentou, portanto, pode dar testemunho diante de todos e seu testemunho é verdadeiro.

É extremamente bela e importante para nossa vida a palavra que o evangelista João escreve no início de sua primeira carta, na qual declara o testemunho de Jesus o Salvador (1Jo 1,1-4):

> O que era desde o princípio, o que ouvimos, o que vimos com nossos olhos, o que contemplamos e o que nossas mãos apalparam do Verbo da vida — porque a Vida manifestou-se: nós a vimos e lhe damos testemunho e vos anunciamos esta Vida eterna, que estava voltada para o pai e que se manifestou a nós —, o que vimos e ouvimos vo-lo anunciamos para que estejais também em comunhão conosco. E a nossa comunhão é com o Pai e com o seu Filho Jesus Cristo. E isto vos escrevemos para que a nossa alegria seja completa.

Não se pode ser testemunha sem uma experiência direta do que se diz ou crê. Sem uma experiência de Jesus, a nossa fé e a nossa pregação se tornam inúteis ou, pior, uma "farsa" ideológica, que nos leva a dizer coisas e a indicar projetos de inovação evangélica... porém, na vida concreta, somos um contratestemunho nas palavras e ações.

A fé não admite divórcio entre palavra e vida.

O religioso, a consagrada, todos aqueles que são escolhidos e consagrados para serem testemunhas da Verdade não podem ser sinais enganadores que conduzem o povo por um caminho diverso do que foi traçado pela própria Verdade.

O religioso que dá contratestemunho é uma grande desgraça que destrói com a vida aquilo mesmo que anuncia.

Mestre, o que devemos fazer?

Um dia, Jesus estava circundado por uma multidão desiludida pelo comportamento dos sacerdotes, os responsáveis pelo templo, como ainda hoje acontece com muitos fiéis que são enganados e desiludidos pelo comportamento de *pessoas de Igreja*, dos ministros. Diante desta situação, alguém do povo faz uma pergunta direta a Jesus: "Mestre, o que devemos fazer?". Temos, em Mateus 23,1-12:

Jesus então dirigiu-se às multidões e aos seus discípulos: "Os escribas e fariseus estão sentados na cátedra de Moisés. Portanto, observai e fazei tudo quanto vos disserem. Mas não imiteis as suas ações, pois dizem, mas não fazem. Amarram fardos pesados e os põe sobre os ombros dos homens, mas eles mesmos nem com um dedo se dispõe a movê-los. Praticam todas as suas ações com o fim de serem vistos pelos homens. Com efeito, usam largos filactérios e longas franjas. Gostam do lugar de honra nos banquetes, dos primeiros assentos nas sinagogas, de receber as saudações nas praças públicas e de os homens lhes chamarem 'Rabi'. Quanto a vós, não permitais que vos chamem 'Rabi', pois um só é o vosso Mestre e todos vós sois irmãos. A ninguém na terra chameis 'Pai', pois um só é o vosso Pai, o celeste. Nem permitais que vos chamem 'Guias', pois um só é o vosso guia, Cristo. Antes, o maior dentre vós será aquele que vos serve. Aquele que se exaltar será humilhado, e aquele que se humilhar será exaltado".

Jesus é um mestre diferente dos outros; educa e prepara seus seguidores para serem mestres com a vida e com a palavra. É isso que nós devemos compreender hoje como verdadeiro e autêntico testemunho. Infelizmente, nosso testemunho é muitas vezes *dizer* e não *fazer*, ou colocar sobre os ombros dos outros um peso que nós não ousamos sequer tocar com um dedo.

O religioso ou religiosa que dão contratestemunho são, talvez, a causa de maiores escândalos para os que não possuem uma fé fundada sobre convicções seguras e que não se deixam mover por nada e por ninguém.

O contratestemunho é um cancro que impede sempre mais o progresso na vida religiosa e eclesial, distante da verdadeira realidade do povo.

O povo crê na palavra dos consagrados, mas, ao mesmo tempo, quer ver a realização dela, em seus frutos. É na vida do consagrado que o povo quer verificar se o que dizem não são palavras vazias, mas sementes que frutificam à luz do sol.

O religioso que não é testemunho vive necessariamente uma ambiguidade fluida da sua vocação e de sua vida. O caminho que Jesus nos oferece e pede aos que desejam segui-lo é o da transparência e da coerência da vida.

No momento nebuloso em que a Igreja vive, não nos é pedido tanto a teologia fechada em si mesma e o conhecimento intelectual ou exegético, mas transparência e *vida vivida* capaz de incidir, marcar a consciência e converter.

18
BOM EXEMPLO E ESCÂNDALO

Os latinos diziam que "As palavras voam, mas os exemplos arrastam". Estou convencido de que a formação se faz com três ou quatro livros e o testemunho da vida. Na comunidade, neste tempo, se é mais sensível à vida daqueles que compartilham o nosso mesmo caminho de fé. O conhecimento da pessoa não se refere só à idade, aos títulos e à formação intelectual, mas a quanto e como a vida das pessoas marcaram e ensinaram a viver, pois na experiência se aprende o modo de se comportar nas diversas situações.

Encontramos, na palavra de Deus, muitos testes que nos ajudam a compreender a força do bom exemplo. Em minhas pesquisas, escolhi dois que, pela experiência, sem dúvida não são os melhores, mas no meu caso, ajudam a entrar melhor no assunto que desejo propor.

> Quanto a ti, fala do que pertence à sã doutrina. Que os velhos sejam sóbrios, respeitáveis, sensatos, fortes na fé, na caridade e na perseverança. As mulheres idosas, igualmente, devem proceder como as pessoas santas: não sejam caluniadoras nem escravas da bebida excessiva; mas sejam capazes de bons conselhos, de sorte que as recém-casadas aprendam com elas a amar os seus maridos e filhos, a ser ajuizadas, fiéis e submissas a seus esposos, boas donas-de-casa, amáveis, a fim de que a palavra de Deus não seja difamada. Exorta igualmente os jovens para que em tudo sejam criteriosos. Sê tu mesmo um exemplo de conduta, íntegro e grave na exposição da verdade, exprimindo-te numa linguagem digna e irrepreensível, para que o adversário, nada tendo a que dizer contra nós, fique envergonhado. Os servos devem ser em tudo obedientes aos seus senhores, dando-lhes motivo de alegria; não sendo teimosos, jamais furtando, ao contrário, dando prova de total fidelidade, honrando, assim, em tudo a doutrina de Deus, nosso Salvador. Com efeito, a graça de Deus se manifestou para a salvação de todos os homens. Ela nos ensina a abandonar a impiedade e as

paixões mundanas e a viver neste mundo com autodomínio, justiça e piedade, aguardando a nossa bendita esperança, a manifestação da glória do nosso grande Deus e Salvador, Cristo Jesus, o qual se entregou a si mesmo por nós, para remir-nos de toda iniquidade, e para formar um povo puro que lhe pertence, zeloso no bom procedimento (Tt 2,1-14).

Tito, amado discípulo do apóstolo Paulo, era responsável por uma comunidade na qual, necessariamente, havia conflitos e onde floresciam também bons exemplos e serpeavam os maus, com os quais devemos ser capazes de conviver.

Talvez Paulo não conhecesse a parábola do joio e do trigo, mas sabia por experiência que o bem e o mal crescem juntos e que não será possível existir uma comunidade sem nenhum traço de mal.

O apóstolo exorta os "anciãos" a serem espelho, exemplo para os mais jovens.

É uma grande graça, na vida religiosa e na Igreja, como na própria sociedade, que haja pessoas nas quais se possa confrontar-se e espelhar-se, a fim de que aqueles que iniciam o caminho possam imitar seus exemplos.

Por que se recordam os santos?

Não pelas palavras que disseram, nem pelas obras que puderam edificar, embora grandes; tudo isto passa com extrema facilidade, como a água que corre debaixo da ponte. Ou, como diz um provérbio, "Águas passadas não movem moinho". Os santos permanecem vivos graças aos seus exemplos de fidelidade à vocação recebida, ao chamado de Jesus, e se tornaram a melhor exegese da Palavra de Deus, como diz o papa Bento no Documento pós-sinodal sobre a Palavra de Deus: "Há santos que não escreveram livros nem realizaram obras, mas que com sua vida fizeram conhecer a pessoa de Jesus".

O exemplo é educativo

Na história dos monges do deserto, pode-se observar que a primeira coisa que a comunidade devia estabelecer era a escolha de uma pessoa apta para a tarefa de Mestre dos noviços. O monge escolhido devia ser tal que pudesse ensinar mais com o exemplo do que com palavras. Realmente, quando chegava alguém na comunidade que desejava ser monge, era confiado a um monge ancião que, da maneira mencionada, ensinasse ao aspirante a vida a seguir.

Não fazia conferência, não dava instruções; simplesmente vivia com o noviço para se oferecer como exemplo, de modo que imitasse o que via e a forma como agia.

Conta-se...

Um dia chegou ao mosteiro um jovem entusiasmado, determinado e impaciente para aprender muitas coisas. Foi confiado a um ancião para que o introduzisse à vida monástica. Iniciou o caminho. O ancião não dizia nada, Levantava-se, orava, trabalhava, lia a palavra de Deus, trabalhava novamente e tudo com extrema precisão e muito amor.

Após alguns dias, o jovem se encorajou e perguntou ao ancião:

"Pai, explica-me como devo rezar e meditar a palavra de Deus".

O ancião não respondeu nada.

Passados mais alguns dias, o jovem tornou a insistir com a mesma pergunta, acrescentando outra sobre liturgia, o trabalho, a comunidade.

O ancião, olhando nos olhos do jovem, lhe disse:

"Fazes muitas perguntas e vive-as pouco, talvez não sejas apto para a vida monástica".

Hoje temos a cabeça cheia de cultura e de ideias, muitas das quais nos impedem de agir e nos obrigam a pensar muito.

Um religioso que dá bom exemplo é sem dúvida um ótimo mestre de vida, mesmo se sua cultura for limitada. Não parece que Jesus abriu uma "Universidade" de Psicologia e Teologia. Dava seus ensinamentos pelo caminho, à sombra de uma figueira — sinal da sabedoria —, nas discussões com seus adversários; corrigia com amor os discípulos quando discutiam entre si sobre quem seria o maior no reino do céu.

O consagrado deve fixar seu olhar amoroso sobre a pessoa de Jesus, especialmente na cena do lava-pés narrada no Evangelho de João, capítulo 13. Naquela ocasião, Jesus, após ter lavado os pés dos discípulos, propõe uma pergunta:

"Compreendeis o que vos fiz?"

Nenhum discípulo respondeu, e Jesus continuou:

"Se portanto, eu, o Mestre e o Senhor, vos lavei os pés, também deveis lavar-vos os pés uns dos outros. Dei-vos o exemplo para que, como eu vos fiz, também vós o façais. Em verdade, em verdade, vos digo: o servo não é maior que o seu Senhor, nem o enviado maior do que quem o enviou. Se compreenderdes isso e o praticardes, felizes sereis".

Conhecimento e prática

Um bom exemplo é sinal de coerência, é constante e não esporádico; quando movido por inspiração e desejo, pode-se também lavar pratos ou estar presente na oração... o bom exemplo não espera inspiração, é sempre fiel, seja a sós ou com os outros.

O bom exemplo não é uma vitrine de boas obras.

O conhecimento teórico sem dúvida é necessário, por isso a Igreja estabelece que durante o tempo do noviciado o formando "aprenda como se deve viver" através da leitura, reflexão e observância prática das constituições e costumes e da assimilação do estilo de vida da própria congregação e instituto.

É curioso que a Igreja não diga que cada um tenha a sua Bíblia, mas que seja entregue a cada um o texto das constituições como livro pessoal, não para ser colocado sob naftalina ou no armário, mas para ser livro de "cabeceira". As constituições são o Evangelho familiar de uma congregação na qual encontramos e formamos nossa identidade carismática através da assimilação intelectual e prática.

O religioso que dá bom exemplo não faz sermões nem polemiza; vive com tranquilidade e profetismo a vida cotidiana.

Necessitamos ter diante de nós modelos, e o próprio Jesus se apresenta como único exemplo para nós: "Quanto a vós, não permitais que vos chamem 'Rabi', pois um só é o vosso Mestre e todos vós sois irmãos" (Mt 23,8).

A força do bom exemplo

Para convencer-nos da força do bom exemplo, pode nos ajudar a leitura amorosamente meditada de Hebreus 11,1ss, em que o autor nos oferece uma belíssima ladainha daqueles que deram testemunho de fé, amor e dom de si mesmos.

Esta "ladainha" de testemunhos está em aberto, deve ainda ser completada por mim e por ti... pelos nossos irmãos e irmãs santos na vida religiosa.

A este propósito, agrada-me realçar esta passagem da leitura aos Hebreus (12,1-4):

> Portanto, também nós, com tal nuvem de testemunhas ao nosso redor, rejeitando todo fardo e o pecado que nos envolve, corramos com perseverança para o certame que nos é proposto, com os olhos fixos naquele que é o autor e realizador da fé, Jesus. Em vez da alegria que lhe foi proposta, ele suportou a cruz, desprezando a vergonha, e se assentou à direita do trono de Deus. Considerai, pois, aquele que suportou tal contradição por parte dos pecadores, para

não vos deixardes fatigar pelo desânimo. Vós ainda não resististes até o sangue em vosso combate contra o pecado!

Devemos, em nosso caminho, sentirmo-nos felizes ao ver ao nosso redor tantas testemunhas da fé que nos exortam, com seu exemplo, a não desencorajarmos em nossas quedas, mas a nos levantarmos com coragem e força, sem medo, porque Cristo mesmo nos levanta e nos dá a plenitude do seu amor.

Sem a graça de Deus, podemos transformar a vida religiosa em uma corrida sem sentido, em uma competição de quem é o melhor, enquanto que o bom exemplo é a convicção, a pura gratuidade do amor que arde em nosso coração.

O religioso que dá bom exemplo não o programa com antecedência, não está preocupado com isto, a única preocupação é viver com autenticidade sua vocação à santidade.

Vá e faça o mesmo

A parábola do bom samaritano, que poderíamos também chamar de parábola do bom teólogo fariseu e do ótimo especialista em pastoral, que é Jesus, nos oferece uma grande possibilidade de meditar sobre a beleza, a oportunidade e a necessidade do bom exemplo.

O teólogo que interpela Jesus sobre o amor ao próximo não encontra o modo de fechar seu raciocínio, e Jesus quer resolver de modo direto o diálogo, conduzindo o doutor da lei a entrar em si mesmo para encontrar a resposta à sua pergunta... talvez já conheça a resposta. Vale a pena ler com atenção e tirar as conclusões que parecem boas e objetivas.

> Então um mestre da Lei se levantou e fez uma pergunta embaraçosa: "Mestre, que me falta fazer para herdar a vida eterna?". Jesus lhe respondeu: "O que está escrito na Lei? E como o entendes?". Ele replicou: "Amarás o Senhor com todo o teu coração, com toda a tua alma, com todas as tuas forças, com toda a tua inteligência; e a teu próximo como a ti mesmo". Jesus então disse: "Respondeste bem! Faze isto e viverás". Mas ele, querendo se escusar da pergunta que fizera, fez uma outra: "E quem é o meu próximo?". "Um homem descia de Jerusalém a Jericó e caiu no meio de assaltantes que, após havê-lo despojado e espancado, foram-se deixando-o semimorto. Casualmente, descia por esse caminho um sacerdote; viu-o e passou adiante. Igualmente um levita, atravessando esse lugar, viu-o e prosseguiu. Certo samaritano em viagem, porém, chegou junto dele, viu-o e moveu-se de compaixão. Aproximou-se, cuidou de suas chagas, derramando

óleo e vinho, depois o colocou em seu próprio animal, conduziu-o à hospedaria e dispensou-lhe cuidados. No dia seguinte, tirou dois denários e deu-os ao hospedeiro, dizendo: 'Cuida dele, e o que gastares a mais, em meu regresso te pagarei'. Qual dos três, em tua opinião, foi o próximo do homem que caiu nas mãos dos assaltantes?" Ele respondeu: "Aquele que usou de misericórdia para com ele". Jesus então lhe disse: "Vai, e faze também tu o mesmo" (Lc 10,25-37).

Hoje e futuramente, ainda mais, não faltarão estudos científicos, pesquisas e aprofundamentos doutrinais sobre grandes temas e problemas a resolver.

O que falta hoje, em vez disso, é a coragem para fazer as decisões práticas. Jesus conduz o doutor da lei por uma estrada sem saída onde ele mesmo deverá dar uma resposta à questão, e isso requer viver o mistério do amor de Deus e dos irmãos independentemente de sermos judeus ou samaritanos. O amor não pode ter limites ou condições, deve estar sempre pronto e deve ser universal, para quem necessitar.

Vai e faz a mesma coisa...

Esta é a teologia do bom exemplo, que coloca fim às discussões e inicia a fase operativa. Sem o amor e a prática o bom exemplo não tem sentido.

A desgraça do escândalo

Nestes últimos tempos, parece que a Igreja e a sociedade, e em consequência também a vida religiosa, tornaram-se especialistas em criar escândalos de todo gênero. É claro que isso é uma desgraça que devemos reparar para restituir a credibilidade da Igreja e da própria pessoa humana.

Jesus diz claramente: "É inevitável que haja escândalos" (Lc 17,1). Essa declaração certamente não quer nos tranquilizar e não pode também ser um anestésico que nos faz dormir tranquilos sobre o travesseiro de nossos pecados. Logo depois, no mesmo versículo, Jesus prossegue: "Mas ai daquele que os causar!"

O significado etimológico de "escândalo" é *tropeço*, pedra colocada diante de uma pessoa para fazê-la tropeçar e cair, aproveitando-se talvez do fato de ela não enxergar ou porque não tem condições para ir além, ou por ingenuidade, por não perceber o perigo, ou por outros motivos.

O escândalo é um explícito mau exemplo.

O escândalo é uma desgraça para todos, para quem o cria e para quem é afetado por ele, mas se soubermos aproveitar a situação, pode transformar-se em uma grande graça.

Não é necessário citar toda a Bíblia para compreender a gravidade do escândalo, que consiste em colocar diante dos inocentes, ou de quem é impossibilitado de se defender, obstáculos que o induzem ao mal ou a padecer um mal que desintegra a identidade e provoca feridas tais que nem mesmo um psicanalista pode ajudar a cicatrizar. Nesse caso só tem poder o perdão e a oração de Jesus: "Pai, perdoa-lhes, pois não sabem o que fazem".

Lucas 17,1-2

> Disse Jesus a seus discípulos: "É inevitável que haja escândalos, mas ai daquele que os causar! Melhor lhe seria ser lançado ao mar com uma pedra de moinho enfiada no pescoço do que escandalizar um só destes pequeninos".

Mateus 18,6

> Caso alguém escandalize um destes pequeninos que creem em mim, melhor será que lhe pendurem ao pescoço uma pesada pedra e seja precipitado nas profundezas do mar.

Desses dois trechos deve-se deduzir que, para Jesus, a pena capital de alguém que provoca escândalo é menos grave que o próprio escândalo. Existe, porém, uma cultura de morte que mata o espírito e o coração, essa é a morte mais terrível do que a do corpo. A essa cultura devemos reagir: não podemos permanecer indiferentes.

O religioso ou o educador tem a responsabilidade de ser exemplo e não dispensador de "belas notícias" decorativas da realidade, que, porém, não melhoram a vida de ninguém. Também a Igreja muitas vezes comete o erro de preocupar-se com a beleza da palavra sem, no entanto, fazer corresponder uma atitude coerente ao anúncio evangélico.

Ser luz, dar testemunho ou profetizar não podem permanecer só em discursos, mas devem ser confirmados pelas obras. A vida religiosa deve ser sempre uma forte testemunha da verdade.

O antitestemunho e o escândalo

Há, porém, um escândalo que deve ser provocado nas consciências. É o escândalo que deriva de seguir Jesus com fidelidade: isso escandaliza os que não creem e veem nele alguém que destrói seus projetos humanos, muitas vezes contrários à dignidade humana. O escândalo da santidade, da vida virtuosa e santa, possui uma força única para a transformação do mundo. Hoje, na vida religiosa, devemos recuperar o profetismo da cruz, que é anúncio e caminho de salvação[1].

Dar bom exemplo, como dom de *luz*, como vida concreta, é uma grande graça na vida religiosa, familiar e social; porém, escandalizar é uma desgraça que traz consigo a morte e a destruição de muitas pessoas.

---

1. Cf. Discurso do papa Francisco aos pobres assistidos pela Cáritas. Assis, sexta-feira, 4 out. de 2013. Disponível em: <www.vatican.va/jubilee_2000/magazine/documents/ju_mag_june-sept-1996_cottier_it.html>.

19
VIDA FRATERNA E INDIVIDUALISMO

A vida fraterna é o coração da vida religiosa. Sem ela não é possível viver e experimentar o amor de Jesus e viver o Evangelho.

O religioso não vive só. O documento mais belo da vida fraterna que aconselho a ler, e que após 20 anos de sua publicação mantém toda sua validade e frescor, é "Vida fraterna em comunidade"[1]. Esse documento aprofunda suas raízes não na sociologia que passa e muda, mas sobre a fértil e imutável terra do Evangelho que nos oferece uma visão profunda e concreta da vida comunitária. Aconselho calorosamente lê-lo, relê-lo, meditá-lo para colher sua sabedoria e colocá-la em prática.

O fundamento da vida fraterna é o mistério da Santíssima Trindade, da qual a comunidade religiosa — assim como a família cristã — é sinal visível na Igreja e no mundo, testemunhando que é possível viver o mandamento novo de Jesus: "Amai-vos uns aos outros como eu vos amei".

A vida fraterna em comunidade não nasce do *sangue*, da *carne* ou do afeto natural do parentesco, mas de um coração enamorado de Cristo. Uma comunidade religiosa é uma questão ao mesmo tempo antropológica e teológica.

É um caminho de construção que não se pode percorrer sozinho e sim juntos, e se realiza ao convergirem dons e qualidades pessoais dos membros da comunidade, os quais edificam a comunhão como uma admirável sinfonia.

A comunidade perfeita não existe.

A vida fraterna em comunidade se concretiza na busca da comunhão através do amor fraterno, do perdão e da missão, no encontro entre o empenho, o esforço pessoal e a graça de Deus, sem a qual faltaria o fundamento da comunhão.

---

1. Cf. Congregação para os institutos de Vida Consagrada e Sociedade de Vida Apostólica, *Vida fraterna em comunidade*. "*Congregavit nos in unum Christi amor*", Roma, 2 fev. 1994.

Viver juntos comporta uma luta constante contra o individualismo que corrói a alegria da convivência.

O que se entende com o termo individualismo?

Escreveu-se muito sobre os danos do individualismo, do ponto de vista da psicologia, sociologia e teologia. Com infinitas receitas buscou-se combater essa grande idolatria de todos os tempos, que se tornou hoje semelhante a um deus devorador. Parece uma doença infecciosa que se ramifica cada vez mais e que parece ter desenvolvido resistência a todos os *antibióticos*.

O individualismo é a pior centralização do ser humano: não vê além de si mesmo, age em função de si mesmo e, para permanecer vivo, destrói todos os outros ou coloca-os em condição de beneficiarem só a si mesmos.

Entre os documentos da Igreja sobre vida religiosa publicados nestes últimos cinquenta anos, é difícil encontrar um que não trate de individualismo. É claro que não foi colocada em discussão a identidade e a individualidade; cada um é único e distinto dos outros, mas devemos ser capazes de estar em relação com todos na vida fraterna em que o bem comum é sempre mais importante que o bem individual, ou, pelo menos, o bem individual não deve ser prejudicial ao bem comum.

A graça da vida fraterna não nasce sem a morte e esquecimento de si mesmo. Viver a fraternidade é o motivo pelo qual estamos juntos e também o motivo da nossa vocação religiosa, antes de tudo, cristã. Encontrar irmãos e irmãs apaixonados por Cristo, pelo seu estilo de vida e que decidiram, movidos pelo Espírito Santo, abandonar tudo e colocar tudo em comum vivendo uma verdadeira *koinonia* de amor, de bens, de graça[2].

A graça da vida fraterna nasce da descoberta da nossa pobreza e da nossa riqueza. Descobre-se, a certa altura, que sozinhos não só não podemos viver, como também somos incapazes de qualquer coisa, e isso o disse sem meias palavras o próprio Jesus "Sem mim nada podeis fazer" (Jo 15,5).

Ninguém pode viver só. O Senhor nos cumula de dons e carismas não para que tenhamos uma "indigestão", mas para que possamos partilhá-los com aqueles que encontramos em nosso caminho.

---

2. Cf. Atos 2,42-45: "Eles mostravam-se assíduos aos ensinamentos dos Apóstolos, à comunhão fraterna, à fração do pão e às orações. Apossava-se de todos o temor, pois numerosos eram os prodígios e sinais que se realizavam por meio dos apóstolos. Todos os que tinham abraçado a fé reuniam-se e punham tudo em comum: vendiam suas propriedades e bens e dividiam-nos entre todos, segundo as necessidades de cada um."

A vida fraterna exige que eu seja capaz de doar-me sem esperar nada em troca, na plena e total gratuidade feita de alegria e amor. Quanto mais dou, mais me enriqueço. É como a fonte de água, quanto mais água tira-se do poço, mais a fonte torna encher.

Em muitos claustros dos antigos mosteiros carmelitas havia sempre um poço no centro, chamado o poço de Santa Teresa. Ela nutria um grande amor pela samaritana do Evangelho de João. No encontro da samaritana com Cristo descobrimos que Jesus nos dá a água viva, e quem bebe daquela água não só não terá mais sede, mas tornar-se-á, nele, uma fonte de água jorrando para a vida eterna.

> Chegou, então, a uma cidade da Samaria chamada Sicar, perto da região que Jacó tinha dado a seu filho José. Ali se achava a fonte de Jacó. Fatigado da caminhada, Jesus sentou-se junto à fonte. Era por volta da hora sexta. Uma mulher da Samaria chegou para tirar água. Jesus lhe disse: "Dá-me de beber!" Seus discípulos tinham ido à cidade comprar alimento. Diz-lhe, então, a samaritana: "Como, sendo judeu, tu me pedes de beber a mim que sou samaritana?" (Os judeus, com efeito, não se dão com os samaritanos.) Jesus lhe respondeu: "Se conhecesses o dom de Deus e quem é que te diz: 'Dá-me de beber', tu é que lhe pedirias e ele te daria água viva!" Ela lhe disse: "Senhor, nem sequer tens uma vasilha e o poço é profundo; de onde, pois, tiras essa água viva? És, porventura, maior que o nosso pai Jacó, que nos deu este poço, do qual ele mesmo bebeu, assim como seus filhos e seus animais?" Jesus lhe respondeu: "Aquele que bebe desta água terá sede novamente: mas quem beber da água que lhe darei, nunca mais terá sede. Pois a água que eu lhe der tornar-se-á nele uma fonte de água jorrando para a vida eterna" (Jo 4,5-14).

A beleza da vida fraterna é sentir-se pobre, necessitado dos outros; ser mendicante do amor e da ajuda dos outros, ter sempre desejo de servir e de doar-se.

A graça da vida religiosa em fraternidade é alegria para toda a comunidade. Essa alegria é cantada pelo salmista no Salmo 133.

Hino ao amor e à concórdia: Salmo 133 (132)

> Vede como é bom, como é agradável
> habitar todos juntos, como irmãos.
> É como óleo fino sobre a cabeça,
> descendo pela barba,
> a barba de Aarão, descendo
> sobre a gola de suas vestes.
> É como o orvalho do Hermon, descendo

> sobre os montes de Sião;
> Porque lhes manda o Senhor a benção,
> a vida para sempre.

O religioso consagrado na fraternidade coloca-se sempre à disposição de todos, coloca seus dons sobre a mesa da comunidade, porém, não os impõem. O dom imposto condiciona e se torna vínculo de escravidão para quem o recebe.

É belo encontrar alguém capaz de criar ao seu redor relações de confiança e comunhão com a força da empatia. Nessas relações a caridade floresce em amizade. Uma pessoa em condições de criar esse clima fraterno não pretende ser o centro de "adoração", mas de atração, pois conhece a arte do diálogo, da escuta e do respeito ao outro.

Se lermos atentamente a Sagrada Escritura, em todos os livros — também aqueles que aparentemente parecem duros e sem ternura —, descobrimos que, no Desígnio de Deus, todos os homens se amam e é um só povo ao redor dele. Um só coração e uma só alma em que todas as energias se dirigem para um único ideal.

Não se vive na fraternidade arrastando a cruz de qualquer modo, mas levando-a com alegria interior de quem caminha com Cristo, como o bom Simão de Cirene que, no início, leva a cruz "forçosamente", mas depois leva a sua e a do próximo com alegria.

Viver a fraternidade é uma grande graça; devemos reconhecer que o individualismo é uma grande desgraça que desintegra a unidade e a comunhão. Cria divisões, conduz sempre ao isolamento e destrói o nascer da alegria e da paz.

O individualista tem a vocação de dominador silencioso, ou outras vezes grita exigindo que todos estejam a seus pés, lhe estendam tapetes e o incensem, mas o seu fim é a solidão.

A desgraça do individualista é que continuamente se isola de todos e não participa dos projetos comuns se não percebe neles um interesse particular e pessoal. É importante prestar atenção no processo do discernimento vocacional a fim de perceber se há uma tendência individualista que futuramente possa prejudicar o caminho da comunidade.

Podemos colocar em evidência três características da pessoa individualista: é egoísta, solitária e egocêntrica.

Tudo gira ao seu redor e deve estar ao seu serviço. Há uma capacidade de manipular os outros e, por meio de palavras, até a própria percepção de Deus. Sua oração não possui um horizonte que compreende o sofrimento e a alegria do próximo, somente inclui a si mesmo.

20

AUSTERIDADE E CONSUMO

Seguir Jesus implica uma vida austera, não admite espaço para o conforto exagerado e a busca do supérfluo; é um estilo caracterizado pela simplicidade, despojamento de tudo o que impede o encontro com Deus e com os irmãos mais pobres. É fácil convencermo-nos de que entramos num mundo sempre mais complicado e em nome da facilidade caímos sem querer no oceano do "não basta jamais", buscando sempre mais.

Se olharmos o caminho da história da vida religiosa, nos damos conta de que ela nasceu quando a comunidade cristã se afastou da "austeridade" da vida evangélica, quando o cristianismo perdeu a sua beleza feita de simplicidade. A comunidade cristã tornara-se rica, havia buscado com todos os meios ser uma força política e social. Os próprios responsáveis pela vida da Igreja haviam perdido o essencial: "o amor à cruz de Cristo". Foi em oposição a esta situação que alguns, homens e mulheres, movidos pela força do Espírito Santo, começaram uma silenciosa revolução, interna à mesma Igreja, despojando-se de tudo, distribuindo bens aos pobres e tornando-se eles mesmos pobres. Foi iniciado um novo caminho de vida, caracterizado pelo abandono das comodidades, e nos foram recordadas de maneira forte e imperativa as palavras do Mestre:

> Se alguém quer vir depois de mim, renuncie a si mesmo, tome sua cruz e me siga (Mt 16,24).
>
> Quem ama seu pai e sua mãe mais que a mim, não é digno de mim; quem ama o filho ou filha mais que a mim, não é digno de mim (Mt 10,37).
>
> Quem coloca a mão no arado e olha para trás não é apto para o reino de Deus (Lc 9,62).

O religioso é austero, não porque não ama as coisas belas e confortáveis da vida; não é um fundamentalista que não sabe apreciar o progresso da tecnologia ou alguém que, movido pelo medo da novidade, se refugia na gruta do homem de Neandertal. O consagrado não é austero por medo ou pela incompreensão, mas por escolha...

A austeridade, quando escolhida, não é penitência, mas fonte de alegria e de felicidade. A escolha do essencial como estilo de vida pode ser verificada em diversas épocas, segundo o uso do tempo histórico.

Não se usa o cavalo, se vai a pé...

As constituições dos institutos religiosos, nas contínuas mudanças e nos progressos sociais, tornaram-se um fardo quase insuportável e desconhecido, e por isso muitas vezes invisível, mais para ser admirado que para ser vivido. Parece que a vida, todos os dias, em vez de simplificar-se, complica-se sempre mais com leis e decretos, com números e especificações tais que é necessária uma quinzena de letras do alfabeto para abarcar todos os casos possíveis de aplicações.

Se quisermos conhecer os abusos de uma congregação e da própria Igreja, basta ler as leis religiosas ou o Código de Direito Canônico... Os itens superam o número de 4000, 2000, 1000: impossível recordá-los todos! Como então poderão ser vividos e aplicados concretamente?

O Evangelho deve ser a lei básica de viver, como dizia são Francisco, "sem comentário", sem explicações e acréscimos.

As ordens religiosas, como aquelas dos franciscanos, agostinianos e dominicanos, possuíam uma regra simplíssima, com poucos itens e poucas palavras, mas densa de conteúdo.

Pelo modo de viver dos primeiros religiosos, se deduz a simplicidade e essencialidade do estilo de seguimento abraçado.

Antigamente os religiosos foram sempre nômades e peregrinos; o único impedimento era viajar com meios de transporte luxuosos; deviam preferir os meios mais pobres e modestos.

O nº 11 da *Regra* carmelitana previa a posse de mulas, não citava os "cavalos"[1].

Hoje seria absurdo proibir o uso de um carro ou a viagem de avião, mas, como diz o papa Francisco, não é necessário que seja um "carrão" ou "viajar em

---

1. Regra "Primitiva" da Ordem da Bem-aventurada Virgem Maria do Monte Carmelo, nº 11: "*Ser-vos-á lícito, porém, ter jumentos ou mulas, segundo o pedir a vossa necessidade, como também alguns animais ou aves para a nutrição*".

primeira classe". A austeridade é esse estilo de vida que não se deixa encantar pelo luxo, mas sim pela simplicidade.

Uma constatação que me educou

Num encontro de formadores carmelitanos do qual participei como formador — pois na minha vida fiz de tudo sem saber fazer nada e bem —, realizado na Alemanha, fomos visitar o museu de Santa Edith Stein.

A monja filósofa, ao entrar no Carmelo, não podia esquecer nem sua cultura nem sua identidade, mas empreendeu uma forte conversão, assumindo uma forma de vida simples, como era e devia continuar a ser no Carmelo.

Escrevia suas reflexões à lápis sobre pequenas folhas de papel e, com estes pobres meios, nos entregou páginas maravilhosas... Diante deste testemunho fiz uma reflexão que me ajudou a desprender-me de muitas coisas.

Não são os meios de comunicação sofisticados que nos tornam inteligentes e nos ajudam a dizer coisas profundas e belas. Agostinho, Gerônimo, João da Cruz e Teresa d'Ávila escreveram suas insuperáveis intuições sobre simples e pobres pedaços de papel, sem os meios de hoje.

Não é uma caneta Montblanc ou o computador de última geração que nos tornam mais sábios e inteligentes... *A boca fala sobre aquilo de que o coração está cheio* e os instrumentos à nossa disposição não fazem mais que recolher aquilo de que nossa cabeça está cheia: se está cheia de Deus dará Deus, se está cheia dos nossos *demônios* comunicará *demônios*, se é vazia será tudo vazio e inútil.

A vida religiosa deve recuperar a simplicidade e austeridade que nos leva à confiança plena na providência de Deus.

Necessita-se recuperar a verdadeira sabedoria que vem de Deus e que Jesus nos dá nas Bem-aventuranças. Isso deveria sempre ser adotado pelas constituições e leis da vida religiosa... deveria constituir o primeiro capítulo fundamental.

Jesus era austero, mas não fundamentalista...

No Evangelho há um texto que desejaria propor à nossa meditação pessoal porque nos faz compreender, ao mesmo tempo, a graça da austeridade e da simplicidade.

> Por isso vos digo: não vos preocupeis com a vossa vida quanto ao que haveis de comer, nem com o vosso corpo quanto ao que haveis de vestir. Não é a vida mais do que o alimento e o corpo mais do que a roupa? Olhai as aves do céu:

não semeiam, nem colhem, nem ajuntam em celeiros. E, no entanto, vosso Pai celeste as alimenta. Ora, não valeis vós mais do que elas? Quem dentre vós, com as suas preocupações, pode acrescentar um só côvado à duração da sua vida? E com a roupa, por que andais preocupados? Olhai os lírios do campo, como crescem, e não trabalham e nem fiam. E, no entanto, eu vos asseguro que nem Salomão, em toda sua glória, se vestiu como um deles. Ora, se Deus veste assim a erva do campo, que existe hoje e amanhã será lançada ao forno, não fará ele muito mais por vós, homens fracos na fé? Por isso, não andeis preocupados, dizendo: Que iremos comer? Ou, que iremos beber? Ou, que iremos vestir? De fato, são os gentios que estão à procura de tudo isso: o vosso Pai celeste sabe que tendes necessidade de todas essas coisas (Mt 6,25-32).

O Senhor não quer que vivamos como o rico epulão que só tinha uma preocupação: comer, vestir-se bem e ostentar sua posição sem preocupar-se com a sobriedade e a austeridade. Por austeridade não entendo vida de miséria, maltrapilha e relaxada. Se a pobreza e a austeridade não forem dignas, tornam-se uma atitude que agride a consciência e não evangeliza.

Não serve só o conhecimento intelectual da palavra de Deus e sim a prática concreta dessa palavra segundo o exemplo de Jesus.

A austeridade abraçada por amor a Cristo é uma virtude que revela a santidade, é um espelho que revela o coração de quem a vive. Nossas casas religiosas deviam ser todas construídas de vidro transparente para que os que passam possam ver a simplicidade, a austeridade, a beleza de rezar e fazer a experiência de Deus, sumamente belo e simples.

Pode-se viver a austeridade em tudo: no vestir, no comer, no viajar, no viver e no falar. É uma grande graça que revela o primado de Deus no coração, na vida dos consagrados e de todos os que escolhem a Igreja e o Evangelho como seu projeto de vida.

A desgraça do consumismo

Os estudiosos de sociologia dizem que o deus do consumismo nasceu depois da primeira guerra mundial. Contesto essa afirmação! O consumismo nasceu com Adão e Eva no Jardim do Paraíso terrestre, onde os progenitores não tinham necessidade de comer o fruto da árvore proibida e supérflua, visto que podiam comer de todas as outras árvores, mas para satisfazer a própria sede de curiosidade o comeram. O pecado original foi um pecado de consumismo e de superfluidade e então pagaram as consequências, e a conta se fechará só no fim do mundo.

Todos os dias se erguem os templos do consumismo: shoppings, supermercados, butiques de luxo para satisfazer todos os gostos — e, no entanto, satisfeito um, nascem dez novos.

O consumismo é uma doença incurável. Quem é afetado se deixa enganar com facilidade pela aparência, a cada dia; para aplacar a tendência compulsiva de possuir deve comprar alguma coisa, e quando não compra torna-se explorador de vitrine virtual, um especialista em inutilidades luxuosas que não poderá jamais possuir.

Um fato

Estava, certo dia, dialogando com uma pessoa que se dizia meu amigo, sendo que o tinha visto apenas algumas vezes, de longe e de passagem. Após alguns minutos o assunto da conversa se voltou para os carros de luxo, os melhores restaurantes, os vinhos melhores; quanto aos carros, estes realmente não me interessam; os restaurantes, não os frequento; e sobre o vinho, ainda que eu gostasse de experimentar um copo, não o tenho.

Finalmente lhe perguntei se possuía um carro de luxo e se almoçava ou jantava nos grandes restaurantes para ser tão entendido e atualizado sobre a qualidade e os preços.

Olhou-me fixamente e disse: "Quem pode permitir-se esse luxo? Só os ricos! O que ganho não me permite pagar nem mesmo o metrô, menos ainda tomar alguma coisa em uma lanchonete, e só tomo vinho caseiro, sem etiqueta. Mas divirto-me, durante horas, procurando essas coisas na internet na ilusão de comprá-las, mesmo que isso jamais venha a acontecer".

É um típico consumista, dependente virtual das compras on-line. Essa doença pode nos atacar também na vida religiosa, que deveria estar atenta para eliminar o supérfluo em vez de perder tempo precioso com coisas que não nos servem.

O luxo ofende sempre os pobres e fere a pobreza que escolhemos como ideal de vida.

Devemos evitar o supérfluo e o inútil. Vivemos no mundo da inutilidade, colocada no comércio para gerar lucros; se não vigiarmos, cairemos na armadilha do consumismo.

A estratégia do mercado joga com mecanismos psicológicos.

Projetam-se novas confecções, mais atraentes, para vender mais e incrementar a produção; criam-se novos modelos de objetos cotidianos, colocam-se novos nomes nas caixas para oferecer sempre o mesmo produto.

Quando os colonizadores espanhóis chegaram ao México, descobriram as batatas; elas jamais mudaram, mas o modo de apresentá-las no mercado muda todos os dias. Vai-se ao supermercado e na prateleira das batatas fritas se encontram uma cinquentena de confecções diferentes... são todas batatas, mas o consumista deve ter a ilusão de poder escolher e cada dia comprará uma marca nova.

O consumismo religioso

Também a Igreja e a vida religiosa têm o seu *consumismo*. Só conhecia o escapulário da Virgem Maria do Monte Carmelo, mas, há pouco tempo, apareceu uma trintena de escapulários diversos, de todas as cores, para diversas devoções e que, como a medicina, têm uma receita para todas as doenças possíveis e imagináveis...

O consumismo religioso é bem descrito por São João da Cruz quando fala da gula espiritual:

> Mas, ainda, o demônio pode tentar [a alma] de muitos outros modos nos conhecimentos que verdadeiramente vêm de Deus, conduzindo neles de modo desordenado os apetites e afetos tanto do espírito quanto dos sentidos. Se, de fato, a alma se compraz deste conhecimento, é muito fácil ao demônio aumentar na consciência estes apetites e afetos, fazê-la cair no vício da gula espiritual e causar-lhe outros danos.
> Para ter mais êxito, ele sugere e insinua gostos, sabores, prazeres sensíveis naquilo que diz respeito a Deus. Deste modo, a alma, atraída e enganada por esses gostos sensíveis, pouco a pouco cai na cegueira, e aí se prende muito mais que ao amor, ou pelo menos não se dedica a amar Deus; dá mais atenção a este conhecimento que à abnegação e ao despojamento na fé, na esperança e no amor de Deus. O demônio, assim, pouco a pouco, a engana e induz a crer em suas mentiras com muita facilidade. Uma vez cega, a alma não se dá mais conta da falsidade, e o mal não lhe parece mais mal, etc.; as trevas lhe parecem luz e a luz trevas. Cai assim em mil tolices a respeito daquilo que é natural, moral, espiritual. Acontecerá o que diz o adágio: o vinho se transforma em azeite. Tudo isso porque a alma não rejeitou desde o início o prazer que experimentava nas coisas sobrenaturais. Tais prazeres, no início, eram pouca coisa e não se revelavam como um grande mal; assim a alma não fazia muito caso e o deixava continuar; desse modo cresceu como o grão de mostarda que se tornou uma grande árvore. É como se costuma dizer, um pequeno erro inicial que no fim se torna grande.

Talvez o consagrado "consumista" de coisas religiosas seja o pior: é de uma gulodice impressionante, sempre em busca de coisas novas que não o levam a lugar nenhum. Vive na inconstância espiritual, atrás de novas penitências e métodos de oração, com atenção à postura do corpo, mas com a alma descomposta e sem o devido equilíbrio.

Essa atitude é uma autêntica desgraça, que cria confusão em quem o vive e escrúpulo ou revolta na comunidade.

Na vida espiritual, o consumismo tem a finalidade de induzir-nos a fazer extravagâncias para atrair a atenção, a ponto de se tornar uma vitrine de exposição que, não transmitindo uma consistência derivada do cuidado fiel do essencial, dura pouco tempo.

O equilíbrio entre austeridade e consumismo é muito tênue, necessita de vigilância e da graça de Deus para não ceder em ambos os lados. Na vida religiosa de hoje vemos pessoas que, talvez por sentimento de reparação por excessos passados, têm uma forte tendência a cair em austeridade exagerada, que, no entanto, por ser excessiva, não é destinada a durar, até que se recai com mais violência no luxo, no consumismo e na duplicidade de uma vida ambígua. Devemos prestar muita atenção no comportamento dos "neoconvertidos" e dar mais espaço e tempo à formação integral da pessoa antes da profissão definitiva dos votos, a fim de verificar se a compreensão da consagração se funda sobre bases sólidas de adesão a Cristo Jesus ou se é somente um fogo de palha, que logo se apaga.

21
MEIOS DE COMUNICAÇÃO E MUNDANISMO

Seria uma cegueira não reconhecer a necessidade e a beleza do progresso que todos os dias caracterizam o mundo da comunicação, através do qual podemos aceder facilmente, em tempo real, às notícias de todo o mundo. A inteligência humana parece não ter confim em sua viagem para horizontes sempre mais amplos do universo celeste, terrestre e marinho; são poucos os lugares que podemos definir como inatingíveis pelos meios de exploração humana. Tudo isso é belo!

O Concílio Vaticano II designou o documento da comunicação social com um nome latino muito significativo: *Inter mirifica*, (*entre as coisas maravilhosas*), e trata das *coisas maravilhosas* que espantam e cujo funcionamento é conhecido por poucos. A maioria das pessoas gozam os benefícios da tecnologia, mas não sabem como funcionam. Sempre que reflito sobre isso me vem à mente o velho e sábio Nicodemos, que vai visitar Jesus à noite. Entre Jesus e Nicodemos se desenrola um diálogo, inteligível para o Mestre de Nazaré, mas obscuro para Nicodemos, o mestre de Israel. A certo momento, Jesus diz a Nicodemos:

> "Em verdade, em verdade, te digo: quem não nascer do alto não pode ver o Reino de Deus". Disse-lhe Nicodemos: "Como pode um homem nascer, sendo já velho? Poderá entrar uma segunda vez no seio de sua mãe e nascer"? Respondeu-lhe Jesus: "Em verdade, em verdade, te digo: Quem não nascer da água e do Espírito não pode entrar no Reino de Deus. O que nasceu da carne é carne, o que nasceu do Espírito é espírito" (Jo 3,3-6).

Para explicar a voz do Espírito, Jesus o iguala ao vento:

> Não te admires de eu te haver dito: deveis nascer do alto. O vento sopra onde quer e ouves o seu ruído, mas não sabes de onde vem nem para onde vai. Assim acontece com todo aquele que nasceu do Espírito (Jo 3,7-8).

Assim são, para nosso fraco entendimento, os mecanismos dos meios modernos de comunicação.

Uma coisa é certa, são dons de Deus ao homem.

De nossa parte, se requer responsabilidade no bom uso a fim de transmitir boas notícias e a luz da Verdade. Os meios de comunicação são "indiferentes", sem consciência, sem alma e sem valores objetivos, transmitem só aquilo que a liberdade humana lhes manda transmitir.

Através dos meios de comunicação podemos acompanhar "diretamente" o papa Francisco em suas viagens apostólicas e atuar uma verdadeira e própria evangelização digital, possivelmente não anônima e personalizada. O Evangelho, como disse Jesus, deve ser proclamado sobre os tetos, com todos os meios, e chegar até os extremos confins da terra.

O religioso que usa bem esses meios de comunicação é uma grande graça!

Todos os instrumentos colocados à disposição do consagrado, inclusive os meios de comunicação, não são fins em si mesmos, são úteis na medida em que nos ajudam a ser mais:

— integrados
— comunicativos
— humanos
— fraternos
— criadores de um mundo humano ao nosso redor.

A Palavra de Deus, as boas e as más notícias, tiveram sempre uma grande importância e foram sempre incisivas na vida humana.

Nascemos da comunhão com Deus no mistério da Trindade, somos criados para continuar a comunicação com Deus no mistério da oração e para comunicar-nos entre nós de maneira a construir uma comunhão universal.

Só a verdade nos liberta! O Evangelho é *a* boa notícia. Mas sempre temos que lidar com as *fake news*, aquelas falsas notícias que, difundidas com rapidez, têm a finalidade de orientar as consciências e desestabilizar a Verdade, mas que não podem ser vencidas.

Os religiosos, consagrados à Verdade e ao serviço da Verdade, têm a missão de anunciá-la com *"paresia"* e com franqueza, em todas as praças e com todos os meios a disposição, a única Verdade que nos torna livres, Cristo.

O consagrado deve ter a coragem da Verdade, a qual exige a recusa da mentira que, mascarada de verdade, não pretende defender o bem do homem nem os interesses de Deus, mas os seus próprios.

A comunicação não acontece somente através da palavra e das imagens, mas sobretudo através da escuta e do discernimento da vontade de Deus, que nos chama a sermos humildes servos da Verdade.

A vida religiosa é profética, é silenciosa, mas é como a água, penetra até o fundo da terra da humanidade e a fecunda para que produza frutos abundantes de misericórdia e comunhão.

A Verdade se comunica também através da luz que emana das obras de caridade: elas não necessitam de palavras, pois os gestos revelam as raízes do Amor de Deus e convencem enquanto fermento de uma vida nova.

Onde anunciar o Evangelho?

No mundo contemporâneo, o maior *areópago* que deve ser evangelizado são os meios de comunicação, através dos quais é possível atingir as pessoas — não mais somente na Igreja! — nas estradas, no trabalho, na família e em viagens, porque em toda parte onde há vida é possível fazer chegar uma mensagem de paz, de amor e de unidade; por esses mesmos meios, pelo contrário, também chegam sinais de guerra e destruição.

O mandamento de Jesus permanece inalterado no curso dos séculos, e seu envio é forte e dinâmico: "Ide por todo mundo e proclamai o Evangelho a toda criatura" (Mc 16,15).

É forte também a urgência declarada por Jesus e transmitida pelo Evangelho de Lucas: "É necessário que eu anuncie a boa nova do reino de Deus também a outras cidades; para isso fui mandado" (Lc 4,43).

Essa palavra é para todos os cristãos, especialmente para os religiosos, consagrados a uma missão que vivifica a Igreja e o Evangelho.

O grande modelo de comunicador de todos os tempos, que une a terra ao céu, é Jesus. Devemos ir a ele e colocar-nos em sua escola para percorrer o mundo com todos os meios possíveis.

A grande comunicadora é a Virgem Maria que, ao receber o anúncio da encarnação, vai às pressas proclamar à sua prima Izabel a alegria do dom que recebera.

O religioso se espelha no Espírito Santo, que se comunica sempre à alma, como escreve São João da Cruz no livro *Chama viva de amor*: "O amor nunca está ocioso, mas em contínuo movimento; e, como a chama, está sempre levantando labaredas aqui e ali" (*Chama* B, estrofe 1,8).

O religioso é comunicador em sua pequenez, em meio ao pequeno rebanho a ele confiado não tem jamais o "complexo de inferioridade", não busca grandes meios para comunicar, usa o que encontra ou tem à sua disposição. É comunicador especialmente na escuta que comunica a quem encontra, formando assim uma corrente de acolhida no amor que se irradia pelo mundo todo.

A graça do religioso empenhado a comunicar Deus não nasce da teologia sistemática, mas da mística evangélica vivida no cotidiano como o fermento na massa de farinha, como o pequeno grão de mostarda semeado na terra, como a pitada de sal que dá sabor.

O mundo e a história do mundo, como diz Santa Teresa Benedita da Cruz, serão influenciados pelas pessoas santas das quais não se diz nada nos livros de história. De que modo influenciaram a história?

Com a oração, o silêncio e a comunicação do amor.

Podemos fazer coisas novas, segundo a novidade do Evangelho, só caminhando juntos e tecendo uma rede de comunicação e colaboração. Sozinhos, a comunicação e o anúncio não existem e por isso não podem libertar o homem.

Desejaria fazer uma pequena reflexão sobre comunicação. Os maiores comunicadores são os pobres e os pequenos. Eles têm uma força própria na comunicação da Cruz, o *escândalo* que mais nos provoca: "A palavra da cruz é loucura para os que se perdem, mas para os que se salvam, isto é, para nós, é poder de Deus" (1Cor 1,18).

Não se comunica o Evangelho com a dialética ou com a filosofia, mas com a santidade de vida e com as obras que chegam a curar as feridas do corpo e da alma.

Grande graça é uma vida religiosa que sabe ser profética e testemunhar a santidade através de uma comunicação mística e orante.

A mundanismo da comunicação

Aprendemos, com o papa Francisco, uma palavra que só aparentemente é nova: mundanismo espiritual. Ainda que não muito usada, a encontramos na tradição teológica e espiritual. O teólogo de Lubac diz que mundanismo espiritual será a pior desgraça que abalará a Igreja em sua missão. Parece que a palavra *mundanismo* foi usada pela primeira vez pelo beneditino inglês Anscar Vonier (1875-1938), que se salvou providencialmente do naufrágio do navio Sírio no qual morreram, nas costas espanholas, mais de 130 pessoas, entre as quais o seu próprio abade, com o qual Vonier viajava para uma fundação na Argentina.

É ele que nos diz o que se entende por *mundanismo espiritual*: é o luxo dos dignitários religiosos, bispos e cardeais que, para chamar a atenção, caem no excesso do bem-estar a fim de exibir o poder que exercem.

Com o papa Francisco, a palavra *mundanismo* se tornou a ordem do dia e muitas vezes, nos encontros com sacerdotes e religiosos, refere-se a ela como *mundanismo espiritual*.

Há um modo *reflexivo* de viver o mundanismo espiritual: isso acontece quando alguém se mascara com atitudes de recusa da riqueza ou ostenta uma busca da pobreza só de fachada, que satisfaz o desejo de mostrar-se solidário com o mundo em que vivemos. O mundanismo espiritual é a maior desgraça que pode acontecer à vida da Igreja porque não só deteriora a austeridade, como também o modo de pensar, de amar e de viver.

É necessário saber reagir a tudo isto antes que, como sutil veneno, se introduza em nosso modo de pensar e agir e, lentamente, nos faça descer a compromissos que afastam da imitação de Jesus e nos desviem de nossa vida de seguimento do Cristo.

"A mundanidade faz-nos mal" — diz papa Francisco. "É tão triste encontrar um cristão mundano, convicto — a seu parecer — daquela certeza que a fé lhe dá e certo da segurança que lhe oferece o mundo. Não se pode trabalhar nas duas partes. A Igreja — todos nós — deve despojar-se da mundanidade, que a leva à vaidade, ao orgulho que é idolatria."[1]

Nesse texto, não temos só a antropologia do mundanismo, mas também a espiritualidade do *não-mundanismo* através da qual podemos viver verdadeiramente o Evangelho em toda sua beleza e transparência.

Não deixemos roubar-nos o Evangelho

Sendo um tema tão importante e tão fluido, que nos foge das mãos e da mente, dediquemos-lhe um pouco mais de espaço, não com nossas palavras, mas com aquelas da encíclica *Evangelii Gaudium*, nn. 93-97, que transcrevemos aqui integralmente:

> O mundanismo espiritual, que se esconde por detrás de aparências de religiosidade e até mesmo de amor à Igreja, é buscar, em vez da glória do Senhor, a glória humana e o bem-estar pessoal. É aquilo que o Senhor censurava aos fariseus: "Como vos é possível acreditar, se andais à procura da glória uns dos outros, e não procurais a glória que vem do Deus único?" (Jo 5,44). É uma maneira sutil de procurar "os próprios interesses, não os interesses de Jesus Cristo" (Fl 2,21). Reveste-se de muitas formas, de acordo com o tipo de pessoas e situações em que penetra. Por cultivar o cuidado da aparência, nem sempre suscita pecados de domínio público, pelo que externamente tudo parece correto. No entanto, se

---

1. Cf. Apêndice, papa Francisco, discurso em Assis, 4 out. 2013.

invadisse a Igreja, "seria infinitamente mais desastroso do que qualquer outro mundanismo meramente moral".

Este mundanismo pode alimentar-se, sobretudo, de duas maneiras profundamente relacionadas. Uma delas é o fascínio do gnosticismo, uma fé fechada no subjetivismo, em que apenas interessa uma determinada experiência ou uma série de raciocínios e conhecimentos que supostamente confortam e iluminam, mas, em última instância, a pessoa fica enclausurada na imanência da sua própria razão ou dos seus sentimentos. A outra maneira é o neopelagianismo autorreferencial e prometeuco de quem, no fundo, só confia nas suas próprias forças e se sente superior aos outros por cumprir determinadas normas ou por ser irredutivelmente fiel a um certo estilo católico próprio do passado. É uma suposta segurança doutrinal ou disciplinar que dá lugar a um elitismo narcisista e autoritário, em que, em vez de evangelizar, analisam-se e classificam os demais e, em vez de facilitar o acesso à graça, consomem-se as energias controlando. Em ambos os casos, nem Jesus Cristo nem os outros interessam verdadeiramente. São manifestações de um imanentismo antropocêntrico. Não é possível imaginar que destas formas desvirtuadas do cristianismo possa brotar um autêntico dinamismo evangelizador.

Este obscuro mundanismo manifesta-se em muitas atitudes, aparentemente opostas, mas com a mesma pretensão de "dominar o espaço da Igreja". Em alguns, há um cuidado exibicionista da liturgia, da doutrina e do prestígio da Igreja, mas não se preocupam que o Evangelho adquira uma real inserção no povo fiel de Deus e nas necessidades concretas da história. Assim, a vida da Igreja transforma-se numa peça de museu ou uma possessão de poucos. Em outros, o próprio mundanismo espiritual esconde-se por detrás do fascínio de poder mostrar conquistas sociais e políticas, ou em uma vanglória ligada à gestão de assuntos práticos, ou atração pelas dinâmicas de autoestima e de realização autorreferencial. Também se pode traduzir em várias formas de se apresentar a si mesmo envolvido em uma densa vida social cheia de viagens, reuniões, jantares, recepções. Ou então desdobra-se num funcionalismo empresarial, carregado de estatísticas, planificações e avaliações, em que o principal beneficiário não é o povo de Deus, mas a Igreja como organização. Em qualquer um dos casos, não traz o selo de Cristo encarnado, crucificado e ressuscitado, encerra-se em grupos de elite, não sai realmente à procura dos que andam perdidos nem das imensas multidões sedentas de Cristo. Já não há ardor evangélico, mas o gozo espúrio de uma autocomplacência egocêntrica.

Neste contexto, alimenta-se a vanglória de quantos se contentam com ter algum poder e preferem ser generais de exércitos derrotados antes que simples soldados de um batalhão que continua a lutar. Quantas vezes sonhamos planos apostólicos expansionistas, meticulosos e bem traçados, típicos de generais derrotados! Assim, negamos a nossa história de Igreja, que é gloriosa por ser história de sacrifícios, de esperança, de luta diária, de vida gasta no serviço e de constância no trabalho fatigante, porque todo trabalho é "suor do nosso rosto". Em vez disso, entretemo-nos vaidosos a falar sobre "o que se deveria fazer" — o pecado do "deveriaqueísmo" — como mestres espirituais e peritos de pastoral que dão instruções ficando de fora. Cultivamos nossa imaginação sem limites e perdemos o contato com a dolorosa realidade do nosso povo fiel.

Quem caiu neste mundanismo olha de cima e de longe, rejeita a profecia dos irmãos, desqualifica quem o questiona, faz ressaltar constantemente os erros alheios e vive obcecado pela aparência. Circunscreveu os pontos de referência do coração ao horizonte fechado da sua imanência e dos seus interesses e, consequentemente, não aprende com os seus pecados nem está verdadeiramente aberto ao perdão. É uma tremenda corrupção, com aparências de bem. Devemos evitá-lo, pondo a Igreja em movimento de saída de si mesma, de missão centrada em Jesus Cristo, de entrega aos pobres. Deus nos livre de uma Igreja mundana sob vestes espirituais ou pastorais! Este mundanismo asfixiante cura-se saboreando o ar puro do Espírito Santo, que nos liberta de estarmos centrados em nós mesmos, escondidos numa aparência religiosa vazia de Deus. Não deixemos que nos roubem o Evangelho![2]

Nessas passagens da *Evangelii Gaudium*, podemos compreender como o religioso, através da sua profissão e da decisão de seguir Jesus, se torna um sinal profético do antimundanismo e que, com sua vida simples e austera, desmascara as armadilhas sutis do diabo "que como leão que ruge procura a quem devorar". Nenhuma porta aberta é tão sedutora quanto a do mundanismo, que oferece posições privilegiadas, status social, vida cômoda, promessa de tranquilidade econômica e prazeres.

> Uma sutil forma de triunfalismo, o mundanismo espiritual é o maior perigo, a tentação mais pérfida que ameaça a Igreja (cf. *Evangelii Gaudium*, n. 94s.).

Nosso escopo não é fazer um tratado sobre mundanismo espiritual, mas fazer compreender — a mim, sobretudo, que sou bastante duro como o povo de Israel em Meriba — o mal que um consagrado "mundano", amante mais das coisas do mundo que das coisas de Deus, que busca nas coisas o caminho de sua projeção humana, que não cuida da vida espiritual e que todos os dias tem necessidade de novidade para sentir-se vivo e visível no palco do mundo, pode causar à vida religiosa.

Seja na linguagem, no vestir, nos meios de comunicação, na decoração da igreja e nas alfaias litúrgicas, pode-se executar uma espécie de vaidade clerical e

---

2. Papa Francisco, *Evangelii Gaudium — A alegria do Evangelho. Sobre o anúncio do Evangelho no mundo atual*. São Paulo: Loyola, 2013, §§ 93-97. (N. da R.)

"religiosa" que toca os limites da credibilidade, dizendo que tudo é "para a glória de Deus".

O religioso mundano tem necessidade de substituir pelo seu os nomes escritos nos vários bancos comemorativos.

Dizem que faziam assim também os faraós do Egito; quando mudava a dinastia, pagavam operários para que substituíssem todos os nomes dos seus predecessores pelo nome do faraó reinante. O mesmo fazem os ditadores que chegam ao poder, começam por substituir as estátuas dos ditadores precedentes pelas suas, que um dia, por sua vez, serão substituídas.

É um mundanismo contagiante que destrói a simplicidade e a transparência evangélica para a qual não conta os nomes escritos nas placas, mas o bem que fazem para glorificar o nome de Deus: "Vendo as nossas boas obras glorifiquem o vosso Pai que está nos céus".

22
PASTORAL VOCACIONAL E PROSELITISMO

Na vida consagrada, nenhum religioso ou religiosa escolhe o trabalho ou a missão para o qual desejaria ser mandado. Podemos somente estar disponíveis e desejar, o restante depende de quem nos assume ou nos chama para uma determinada missão.

A maior alegria é ser escolhido e colocar-se a serviço não das estruturas, mas das pessoas.

É realmente muito bom adentrarmos, na ponta dos pés, na história do chamado feito por Deus, que necessita de nós para realizar o seu projeto de amor e salvação. Muitas vezes ouvimos dizer — e é verdade — que a iniciativa do chamado é de Deus e que cabe a nós a responsabilidade de responder a ele, que por sua vez não o faz de uma vez para sempre nem de maneira estática, pois é um chamado que se repete a cada momento de nossa história e ao qual devemos sempre dar uma resposta atualizada.

É no hoje que Deus entra de modo doce e sutil, mas persistente, a fim de que não demos a resposta do SIM ou do NÃO, quando decidi chamar alguém para a missão, bate à porta até que o NÃO indeciso se transforme em SIM convicto, deixando também a liberdade de transformar o *não* no *sim* ainda imaturo.

A alegria de ser chamado não se esgota, é uma fonte permanente do amor de Deus: lê-se nos olhos, ouve-se na voz, vê-se no caminho de quem decide seguir o Deus da vida.

A voz de Deus que chama não se ouve no barulho ou no ruído, e sim na intimidade do silêncio e do coração. Deus faz ouvir sua voz de muitas maneiras, sacode de seu sono aquele que foi chamado, liberta-o do mundanismo e da paralisia e o coloca a caminho para o qual o chama.

Um chamado "personalizado"

O chamado de Deus jamais é "coletivo" ou anônimo, mas individual, personalizado. Esse fato é de uma beleza impressionante, pois funda toda a nossa comunhão com Deus, tanto nos sacramentos como, especialmente, na oração. Teresa d'Ávila quando fala da oração nos dá uma definição não tanto teológica, mas descritiva, da relação entre Deus e o homem.

> Para mim, a oração mental não é outra coisa senão uma relação íntima de amizade, um frequente entreter-se em solidão com Aquele por quem sabemos ser amados (*Vida* 8,5).

Caminhar entre as grandes narrações bíblicas para encontrar a história das vocações é a aventura mais bela que seduz e estimula a colocar-se à escuta da voz de um Deus invisível, mas presente, que chama a cada um.

Tomemos, por exemplo, a vocação de Abraão, nosso pai na fé:

> O Senhor disse a Abrão:
> "Sai da tua terra,
> da tua parentela
> e da casa de teu pai,
> para a terra que te mostrarei.
> Eu farei de ti um grande povo
> eu te abençoarei,
> engrandecerei teu nome;
> sê uma benção!
> Abençoarei os que te abençoarem,
> amaldiçoarei os que te amaldiçoarem.
> Por ti serão benditos
> todos os clãs da terra" (Gn 12,1-3).

É Deus que toma a iniciativa de chamar Abrão, o ancião sábio e obediente que, após uma luta interior, coloca-se a caminho para responder ao convite, sem compreendê-lo, mas amando e adorando aquele que lhe dirigiu.

A vida de Abrão, particularmente seu chamado, é a história de todas as vocações que encontramos na escritura e na nossa própria vida. Não se trata de compreender imediatamente, mas crer que o Senhor nos conduz e nos guiará por caminhos seguros, nas noites e nos desertos.

Encontramos uma bela imagem da confiança em Deus no Salmo 22, em que o salmista se abandona ao Senhor-Pastor que o conduz por caminhos desconhecidos, mas que, no entanto, deseja percorrer porque são caminhos de Deus.

Para aprofundar vejamos a vocação de Moisés (Ex 3ss), Samuel (1Sm 3,1-10), Elias (2Rs 19,4-18), Isaías (6,1-8), Jeremias (1,4-10).

Não podemos esquecer os três chamados, que na "pastoral vocacional" de Deus contêm a primeira aliança.

Há o chamado de João Batista, do qual sabemos pouco, mesmo pouquíssimo. Sabemos que João tomou o caminho do deserto, onde ouviu que Deus o chamava para ser anunciador daquele *que deve vir no nome do Senhor*. Sua voz ressoa no deserto, não como eco vazio e sim como voz que chega aos corações distantes, todos o seguem e se fazem batizar por ele. É no prólogo do Evangelho de São João que encontramos narrada claramente a vocação do Batista:

> Houve um homem enviado por Deus.
> Seu nome era João.
> Este veio como testemunha,
> para dar testemunho da luz,
> a fim de que todos cressem por meio dele.
> Ele não era a luz,
> mas veio para dar testemunho da luz (Jo 1,6-8).

O caminho vocacional de João Batista é um contínuo "chamado dentro de um chamado". Sua própria vida é uma pastoral vocacional e um anúncio da vinda e, depois, da presença do Messias entre o seu povo; e muitos, de fato, o seguiram por aquilo que disse, sobretudo pelo que fez e viveu.

Maria, Mãe de Jesus

Todas as vezes que lemos o Evangelho de Lucas, encontramos o chamado da Virgem Maria, circundado pela delicadeza, pelo amor e pelo respeito à iniciativa de Deus. Deus não força e não violenta a consciência de Maria, bate docemente à porta. Respeita seu medo e suas dúvidas, responde às incertezas a fim de que Maria não tenha outra possibilidade senão pronunciar o SIM que mudará a história da humanidade e sua própria história.

Após o anúncio da Encarnação, Maria imediatamente se colocará a caminho para servir, doar-se e acolher. Acompanhar o caminho de Maria é aprender dela a realizar a própria vocação, não de maneira passiva, mas ativa, dinâmica. Não se pode viver o chamado de Deus com os braços cruzados, em um doce fazer nada; é necessário colocar-se logo a caminho para a periferia onde "muitos esperam" o anúncio da salvação.

A "pastoral vocacional" de Maria não se sintetiza tanto no seu sim quanto na palavra que ela pronunciará nas bodas de Caná da Galileia, quando disse aos servos: "Fazei tudo o que ele vos disser".

Esta é a chave da alegria da vocação.

Fazer tudo o que Jesus nos diz, sem questionar, sem querer compreender, mas só dizer: EIS-ME. Um "eis-me" de prontidão.

Quem se empenha na pastoral vocacional não se preocupa em apresentar um projeto apologético, nem uma dialética teológica e filosófica, mas convida a colocar-se a caminho para seguir Jesus, o Cristo.

O chamado de José

José, um homem justo, é a chave de ouro com a qual se fecha a porta do Antigo Testamento e se abre a novidade do *kairós* de Deus na nossa história.

O seu é um chamado que acontece no silêncio. No sono. À noite. Com palavras que talvez não foram ouvidas por ouvidos corpóreos, mas com o coração, em um silêncio de escuta, de amor, de adoração e de doce "obediência", que tenta compreender e, entretanto, mesmo não compreendendo, ama e realiza a ordem de Deus, que consiste em assumir a Mãe do Salvador. Deus confia a José a missão de custodiar e proteger a mãe de Deus e tutelar o filho que ela traz no seio.

José é feliz, ouve, levanta-se à noite e age.

É belo meditar sobre essas grandes vocações que nos inspiram a viver a nossa. São modelos que nos ensinam que a prioridade de quem foi chamado é a santidade; depois, as obras sociais.

O objetivo da pastoral vocacional não é encontrar braços para "as obras", mas para a *vinha do Senhor*. "Não fostes vós que me escolhestes, mas fui eu que vos escolhi e vos designei para irdes e produzirdes fruto, e para que o vosso fruto permaneça, a fim de que tudo o que pedirdes ao Pai no meu nome ele vos dê" (Jo 15,16).

De que fruto fala Jesus? Fala dos frutos de amor que se manifestam também nas obras de caridade.

A pastoral vocacional de Jesus

Não faltam livros e estudos sobre vocação à luz do Antigo e Novo Testamento. Parece-me importante colocar em evidência a alegria de ser chamado, não tanto para um serviço social, mas em primeiro lugar, para servir Jesus, vivendo e servindo, como ele, sem distinção, todos aqueles que encontramos no caminho da vida. Jesus rompe as fronteiras e abre novos horizontes.

O próprio Jesus viu claramente a necessidade de convocar homens e mulheres a fim de que, ao voltar ao Pai, pudessem continuar sua missão. O projeto que Jesus oferece não é a da autorreferencialidade, da autoprojeção ou de uma vida cômoda, mas do desafio contínuo de levar a cruz cada dia, da renúncia de si mesmo para anunciar o Reino de Deus, ou melhor, para ser sinal presente do Reino de Deus no mundo de hoje.

"Quem quiser me seguir, renuncie a si mesmo, tome sua cruz e me siga" (Mt 16,24). Jesus chama para uma missão particular, um chamado pessoal que empenha toda a vida, não apenas por um momento. Não se pode seguir Jesus por um *espaço de tempo*, dedicar-lhe algumas horas do nosso trabalho; ele quer a nossa vida, total e plena. Quem é chamado por Jesus não pode esconder a sua identidade de consagrado, fugir, atraiçoar ou servir-se do chamado "uso ou interesse pessoal", mas coloca-se a serviço de Cristo.

Jesus chama alguns homens e algumas mulheres para ser seus discípulos e compartilhar de modo particular sua vida, caminhar e estar com ele (Lc 9,23-24).

O chamamento implica seguir Jesus por toda parte onde ele for (Mt 8,19-22), estar com ele (Mc 3,14), evangelizar, não no próprio nome (Mt 10,1; Lc 9,2), ser testemunha da ressurreição (Lc 24,48).

O discípulo é chamado a ser *luz, sal e fermento* (Mt 5,13-16). Essas são, talvez, as três mais belas imagens que Jesus usa para definir a missão de seu discípulo.

Somente *permanecendo com* e *em* Jesus podemos sair pelas estradas do mundo e chamar outros a compartilhar a missão, como ele que, caminhando, pela manhã ao longo da praia, viu homens empenhados em seus trabalhos, os chamou e eles imediatamente abandonaram tudo e o seguiram, sem saber o que lhes esperava. Essa é a obra da Graça e do fascínio do Espírito que interpela a fé e nos chama à aventura do amor que se enraíza no terreno do coração, às vezes árido de esperança.

É uma desgraça fazer proselitismo vocacional

Jesus o condena severamente:

> Ai de vós, escribas e fariseus, hipócritas, que percorreis o mar e a terra para conseguir um prosélito, mas, quando conseguis conquistá-lo, vós o tornais duas vezes mais dignos da geena do que vós! (Mt 23,15).

Essas são talvez as palavras mais duras de Jesus contra uma pastoral que termina por angariar seguidores, aos quais, porém, não sabe oferecer um modelo a ser seguido. Talvez porque não se procura atrair e fascinar homens e mulheres a seguirem Jesus pobre, obediente, casto e missionário, mas deve-se às estruturas da própria Igreja e da vida religiosa, que lhes prometem segurança, ordem, regularidade e bem-estar. A vida religiosa não é uma associação cultural ou assistencial. É um caminho de santidade dirigido a quem deseja ser santo.

Quem não possui este desejo antes ou depois cai na rotina e na mediocridade que mata a alma do amor.

Triste e "desgraçado" é o religioso que procura convencer os jovens a entrarem na vida religiosa apresentando-lhes coisas vãs, como turismo religioso, estudo, vida cômoda ou, pior ainda, promoção pessoal, que abre a porta a aspirações ao poder. É preciso dizer que a palavra proselitismo[1] não há, de per si, um sentido negativo, e sim positivo, de anúncio segundo o mandamento de Jesus, que mandou os seus discípulos pelas cidades do mundo a proclamar o Evangelho e batizar. *Fazer prosélitos* não é negativo enquanto for colocar em prática aquilo que já anunciava o profeta Isaías (52,7):

> Como são belos, sobre os montes,
> os pés do mensageiro que anuncia a paz,
> do que proclama boas novas
> e anuncia a salvação,
> do que diz a Sião: "O teu Deus reina"!

A força do Evangelho é a pobreza

Quanto mais pobres somos, mais seremos credíveis no anúncio, tendo um coração aberto à plenitude do amor que tudo dá e nada pede em troca, que tudo dá e nada promete, a não ser a recompensa própria do amor que, como diz João da Cruz, "O amor com amor se paga", ou — como diz ainda o mesmo santo — no entardecer da vida, "Seremos julgados pelo amor".

É triste procurar vocações para manter as obras que proporcionam lucros ou para continuarem abertos casas e conventos quase vazios habitados por um

---

1. O proselitismo é a tendência a fazer prosélitos e a atividade desenvolvida para procurá-los e formá-los: proselitismo de uma religião, de um partido, ou dos seguidores de uma religião, um partido ou uma ideia. Cf. <http://www.trecani.it/enciclopédia/proselitismo/>.

pequeno número de religiosos (e religiosas). Jesus não chamou ninguém para ser "diretor" de obras, ao contrário, enviou os discípulos sem nada, como pastores e como servos, sabendo que ele não veio para ser servido, mas para servir.

Não se pode definir como proselitismo a persuasão através da palavra e da vida para que se siga Jesus, o bom pastor, nem mesmo o anúncio do Evangelho.

O proselitismo é convencer, através de meios ilegais, pessoas a serem cristãs, manipulá-las e comprá-las. Essa é uma estupidez imperdoável, é pecado que violenta a consciência do outro. Isso acontece quando se assume uma atitude paternalista a fim de dominar e tolher a liberdade de pensar e agir.

Um fato: *digo-te que tens vocação*

Acompanhei várias pessoas que, após um caminho de discernimento espiritual, chegaram à conclusão que não tinham vocação para a vida religiosa e que seria melhor, para elas, para o instituto religioso e para o povo de Deus, tomar outro caminho.

Eram, porém, pessoas eficientíssimas intelectualmente ou para as obras da congregação; o superior desejava mantê-las pela capacidade de administrarem com grande proveito econômico.

Ao comunicar ao superior a decisão de abandonar a vida religiosa, este, através de uma manipulação impressionante da consciência, responde: "Deus fala através do superior, através de mim: você tem vocação segura, te garanto! O futuro é aqui, podes fazer o bem aqui e em tantas outras partes do mundo, permanecendo na congregação".

A pessoa permaneceu na vida religiosa, mas após um certo caminho aparentemente bom, surgiram problemas e escândalos inevitáveis: isso acontece quando falta a vocação como dom de Deus.

Isso é puro proselitismo.

É um pecado e uma insensatez que destroem o sentido da verdadeira vida de seguimento de Cristo.

É uma grande desgraça fazer uma pastoral vocacional proselitista. O coração do chamado é o Evangelho, não a perspectiva de *ganhar o pão*; o caminho com Deus se realiza graças à força intrínseca do amor.

O papa Bento, no encontro com os bispos em Aparecida, no Brasil, insistiu que não se anuncia o Evangelho por proselitismo, mas com a força de atração e fascínio da santidade. Assim, também a pastoral vocacional se propõe com a força do testemunho autêntico e desinteressado, que faz desabrochar vocações na alegria do serviço de amor.

O proselitismo é manipulação da consciência. O anúncio do Evangelho possui em si a força de atração que convence e prende de tal forma que responder se torna uma necessidade da fé. É claro que cada religioso, se for feliz e alegre em sua congregação, deve anunciar a sua alegria e o seu carisma sem cair no proselitismo, deixando o Espírito tocar os corações, respeitando sempre o outro em sua liberdade de acolher ou recusar a proposta.

23

ALEGRIA E TRISTEZA

"Onde há o religioso e a vida religiosa há alegria". Essa expressão se tornou um refrão nos encontros do papa Francisco com os religiosos em suas viagens pelo mundo.

Como prova a fonte desta convicção, ele citou um dito atribuído a Santa Teresa d'Ávila, "Um santo triste é um triste santo". Santa Teresa era uma mulher e religiosa alegre, com forte senso de humor e que sabia irradiar ao seu redor a verdadeira alegria feita de pequenas coisas, muito concretas, tais como receber de outros mosteiros alguma guloseima ou longas cartas de partilha e confidência.

Seu senso de humor era inerente a seu espírito espanhol, no limite do sarcástico não ofensivo.

A alegria na Bíblia

Noventa por cento da Bíblia é alegria pura, dez por cento é cruz que, na fé, se transforma em alegria. Não se pode duvidar disso, visto que Deus é amor e alegria, e na alegria fomos criados para sermos felizes e não tristes. Se quiséssemos citar, agora, todos os textos da Bíblia que falam da alegria, deveríamos citar a Bíblia toda. Deus mesmo encontra sua alegria ao caminhar conosco. Esse é o motivo pelo qual o mistério da encarnação é a maior alegria do Pai e do Espírito Santo.

Vivemos num tempo em que existe uma fome insaciável de alegria, procurada, contudo, só nos paliativos enganadores. Uma alegria sofisticada, artificial, química, inconsciente, que, após o efeito instantâneo do momento, deixa novamente o coração na tristeza mais brutal e selvática.

Pensemos juntos.

Os jovens que se drogam, bebem, afogam-se nos prazeres de todo tipo, correm como loucos atrás de novos modelos de sapatos, relógios, roupas, telefones e compram-nos acreditando que por isso entraram no paraíso e, no entanto, após poucos minutos, percebem que tudo aquilo que perseguiram com afã se evapora e os deixam imersos na maior desilusão.

A palavra de Deus já o havia dito com clareza: vaidade das vaidades, tudo é vaidade.

O religioso é uma pessoa alegre

A alegria de quem crê e decide, pela graça de Deus, servir o Senhor, reside no próprio Deus; ele nos escolhe não porque o merecemos ou porque, como o antigo Israel, *somos um grande povo*, forte e corajoso, mas porque somos pequenos e frágeis[1].

Ser alegre não deriva de possuir tudo, estar imerso no consumismo, nem em gozar uma saúde de ferro, ter dinheiro no banco ou um trabalho que nos agrada, e sim crer que Deus nos conduz como faz o bom Pastor, *sobre pastagens verdejantes*, e nos faz sentir a alegria de ver *o deserto florir*[2].

O consagrado alegre é uma grande graça de Deus para si mesmo, para os outros, para sua comunidade e para a missão a ele confiada. Tem sempre um sorriso nos lábios e no coração, é capaz de irradiar ao seu redor a verdadeira felicidade, feita de amor e de serviço — e, no cansaço físico do serviço, o coração jamais se cansa, porque ama.

Dizem os biblistas que a palavra "alegria" percorre o antigo Testamento 225 vezes; sabemos, porém, que a palavra *Alegria* não é só um verbete de dicionário, é uma realidade que nasce do Coração de Deus, do qual brota um rio que irriga a terra árida do coração do homem, animando-o na consistência dos pequenos gestos de esperança que não deixam espaço para debruçar-se sobre si mesmo.

Do coração de todos os salmos jorra a fonte da alegria, também daqueles de expressão cruenta que parecem ceder à violência e ao negativismo, os salmos ditos imprecatórios. Lidos corretamente, com fé e à luz do mistério da redenção,

---

1. Deuteronômio 7,7-8: "Se o Senhor se afeiçoou a vós e vos escolheu, não é por serdes o mais numeroso de todos os povos — pelo contrário: sois o menor dentre os povos! —, e sim por amor a vós e para manter a promessa que ele jurou a vossos pais; por isso o Senhor vos fez sair com mão forte e vos resgatou da casa da escravidão, da mão do Faraó, rei do Egito".
2. Isaías 35,1-2: "Alegre-se o deserto e a terra seca, rejubile a estepe e floresça; como o narciso, floresça, sim, rejubile-se com grande júbilo e exulte".

por detrás das palavras ásperas e duras percebe-se brilhar o sol da alegria de quem venceu o pecado e o mal, com a força de Deus e com a perseverança da confiança nele. Quero citar dois trechos bíblicos que sempre me fizeram exaltar e cantar a alegria. Um é o versículo do Salmo 16 no qual o salmista vê em tudo a presença viva do Senhor, que indica ao homem o caminho da verdadeira alegria.

> Ensinar-me-ás o caminho da vida,
> cheio de alegria em tua presença
> e delícia à tua direita, perpetuamente (Sl 16,11).

O outro texto que sempre me fez bem é o Salmo 136 (135).

É um cântico que por 26 versículos celebra o amor eterno de Deus e por isso podemos dizer que é um salmo de alegria. Esse salmo está em aberto, não foi concluído. Os israelitas escreveram e cantaram a sua parte, Jesus e todos os seus santos continuaram, agora cabe também a nós continuar a escrevê-lo, celebrar o amor e a alegria e deixar que, depois de nós, outros continuem a testemunhar o amor eterno de Deus. Sim, porque eterno é o seu amor.

Hino ao amor e à bondade de Deus: Salmo 136 (135)

> Celebrai ao Senhor, porque ele é bom,
> porque o seu amor e para sempre!
> Celebrai o Deus dos deuses,
> porque o seu amor é para sempre!
> Celebrai o Senhor dos senhores,
> porque o seu amor é para sempre!
> Só ele realizou maravilhas,
> porque o seu amor é para sempre!
> Ele fez o céu com inteligência,
> porque o seu amor é para sempre!
> Ele firmou a terra sobre as águas,
> porque o seu amor é para sempre!
>
> Ele fez os grandes luminares:
> porque o seu amor é para sempre!
> O sol para governar o dia,
> porque o seu amor é para sempre!
> A lua e as estrelas para governarem a noite,
> porque o seu amor é para sempre!
>
> Ele feriu os primogênitos do Egito,
> porque o seu amor é para sempre!

> E fez sair Israel do meio deles,
> porque o seu amor é para sempre!
> Com mão forte e braço estendido,
> porque o seu amor é para sempre!
>
> Ele dividiu o Mar Vermelho em duas partes,
> porque o seu amor é para sempre!
> e por entre elas fez passar Israel,
> porque o seu amor é eterno!
> Mas nele arrojou Faraó e seu exército,
> porque o seu amor é eterno!
>
> Ele guiou o seu povo no deserto,
> porque o seu amor é para sempre!
> Ele feriu reis famosos,
> porque o seu amor é eterno!
> Ele matou reis poderosos,
> porque o seu amor é para sempre!
> Seon, reis dos amorreus,
> porque o seu amor é para sempre!
> e Og, rei de Basã,
> porque o seu amor é para sempre!
> Ele deu a terra deles como herança,
> porque o seu amor é para sempre!
> como herança ao seu servo, Israel,
> porque o seu amor é para sempre!
> Ele se lembrou de nós em nossa humilhação,
> porque o seu amor é para sempre!
> Ele nos salvou de nossos opressores,
> porque o seu amor é para sempre!
>
> Ele dá o pão a todo ser que vive,
> porque o seu amor é para sempre!
> Celebrai ao Deus dos céus!
> Porque o seu amor é para sempre!

Somos consagrados para cantar a alegria do *Deus conosco*, que caminha conosco, dentro de nossa história, e abre caminhos novos cheios de misericórdia, alegria e amor.

O profeta Sofonias canta uma alegria sem limites pela libertação do povo de todos os sofrimentos.

> Rejubila, filha de Sião,
> solta gritos de alegria, Israel!

> Alegra-te e exulta de todo coração,
> filha de Jerusalém!
>
> O Senhor revogou a tua sentença,
> eliminou o teu inimigo.
> O Senhor, o rei de Israel, está no meio de ti,
> não verás mais a desgraça.
>
> Naquele dia, será dito a Jerusalém:
> "Não temas, Sião!
> Não desfaleçam as tuas mãos!
> O Senhor, o teu Deus, está no meio de ti,
> um herói que salva!
> Ele exulta de alegria por tua causa,
> renovar-te-á por seu amor.
> Ele se regozija por tua causa com gritos de alegria",
> como nos dias de festa.
>
> "Eu afastarei de ti a desgraça,
> para que não carregues mais o opróbrio.
> Eis-me em ação
> contra todos os teus opressores.
> Naquele tempo, salvarei o coxo,
> reunirei o disperso,
> atrairei para eles louvor e renome
> em toda a terra,
> quando eu realizar a sua restauração.
> Naquele tempo eu vos conduzirei,
> no tempo em que vos reunir;
> então eu vos darei renome e louvor
> entre todos os povos da terra,
> quando eu realizar a vossa restauração, aos vossos olhos",
> disse o Senhor (Sf 3,14-20).

Caminhemos iluminados pela estrela da alegria! Não podemos ser amigos de Deus na tristeza. A tristeza é sempre passageira e tem mesmo a sua fonte no pecado, mas a alegria, que tem sua origem em Deus é permanente.

> Também vós, agora, estais tristes; mas eu vos verei de novo e o vosso coração se alegrará e ninguém vos tirará a vossa alegria (Jo 16,22).

Se a Antiga Aliança é oitenta por cento alegria, devemos dizer que a Nova Aliança é cem por cento alegria que nasce no seio da Virgem Maria e desabrocha na missão de Jesus — alegria do Pai e da humanidade — no meio de nós. Essa alegria dá seu fruto na cruz quando Jesus entrega a sua vida nas mãos do Pai para ressurgir na manhã da Páscoa e que transborda para os homens de todos os tempos.

Jesus sintetiza toda sua missão com uma palavra-chave que não podemos jamais esquecer: "permanecei no meu amor". Este *permanecer* não deve ser entendido de forma estática, e sim dinâmica; é deixar-se transformar em amor, florescer onde nos encontramos, porque o amor é sempre bem-aventurança, felicidade e alegria.

Nas constituições dos nossos institutos e ordens religiosas, quando falamos da caridade fraterna, devemos colocar entre outros textos bíblicos uma moldura de carne e vida, por exemplo:

> Assim como o Pai me amou também eu vos amei. Permanecei no meu amor. Se observais meus mandamentos, permanecereis no meu amor, como eu guardei os mandamentos de meu Pai e permaneço no seu amor. Eu vos digo isso para que a minha alegria esteja em vós e vossa alegria seja plena. Este é o meu mandamento: amai-vos uns aos outros como eu vos amei. Ninguém tem maior amor do que aquele que dá a vida por seus amigos. Vós sois meus amigos se praticais o que vos mando (Jo 15,9-14).

Mas essa alegria se revela na vida de cada um de nós como sinal visível do nosso caminhar sob os passos de Cristo.

Maria foi alegre em toda a sua vida: o *Magnificat* revela sua adesão à vontade do Senhor e o seu constante *sim* sem reticência. Também a vida de São José é atravessada pela alegria da adesão ao desígnio de Deus acolhido na fé e no amor.

Como não falar da alegria que, após os momentos de medo e desânimo, inunda o coração dos Apóstolos na manhã de Páscoa?

O Apóstolo Paulo recomenda à comunidade de Filipos, como às outras comunidades, que não fiquem tristes, mas alegres. "Alegrai-vos sempre no Senhor! Repito: alegrai-vos!" (Fl 4,4). Devemos estar sempre felizes porque "sabeis que não foi com coisas perecíveis, isto é, com prata ou com ouro, que fostes resgatados da vida fútil que herdastes de vossos pais, mas pelo sangue precioso de Cristo, como de um cordeiro sem defeitos e sem mácula" (1Pd 1,18-19).

Se o cristão deve ser sempre alegre, muito mais deve ser quem abraça a vida consagrada, para seguir os passos do mestre. Nada mais belo que mostrar ao mundo que podemos ser felizes em todas as circunstâncias, porque encontramos em Cristo, o Tesouro, e por ele deixamos tudo.

> O Reino dos Céus é semelhante a um tesouro escondido no campo; um homem o acha e torna a esconder e, na sua alegria, vai, vende tudo o que possui e compra aquele campo.

> O Reino dos Céus é ainda semelhante a um negociante que anda em busca de pérolas finas. Ao achar uma pérola de grande valor, vai, vende tudo o que possui e a compra (Mt 13,44-46).

Esse tesouro não pode permanecer escondido: se manifesta de modo particular na vida dos mártires que corriam cantando para o martírio, recordando as bem-aventuranças:

> Bem-aventurados os que são perseguidos por causa da justiça, porque deles é o Reino dos céus.
> Bem-aventurados sois, quando vos injuriarem e vos perseguirem e, mentindo, disserem todo o mal contra vós por causa de mim. Alegrai-vos e regozijai-vos, porque será grande a vossa recompensa nos céus, pois foi assim que perseguiram os profetas, que vieram antes de vós (Mt 5,10-12).

Uma grande graça é o religioso feliz que se torna presença de alegria em sua comunidade, na Igreja e na missão.

O religioso feliz e o papa Francisco

Vale a pena dar a palavra para uma pequena reflexão do papa Francisco, que nos encontros com os religiosos do mundo inteiro, muitas vezes, não deixa de falar da alegria. Onde há religioso há alegria...

4 de outubro de 2013, às monjas de clausura:

> As religiosas de clausura são chamadas a ter uma grande humanidade, uma humanidade como aquela da Mãe-Igreja; a ser humanas para compreender todas as realidades da vida, ser pessoas que sabem entender os problemas humanos, saber perdoar, que sabem rezar ao Senhor pelas pessoas. Eis a vossa humanidade! E a vossa humanidade percorre esse caminho, a Encarnação do Verbo, vereda de Jesus Cristo. E qual é o sinal de uma religiosa muito humana? A alegria, o júbilo, quando há alegria! Sinto-me triste quando encontro religiosas que não são alegres. Talvez sorriam, mas com o sorriso de uma assistente de bordo, não com o sorriso da alegria, aquela que nasce de dentro. Sempre com Jesus Cristo! [...] E a vida de comunidade, sempre com um coração grande. Deixai passar, não vos vanglorieis, suportai tudo e sorri com o coração. E o sinal disso é a alegria. E peço para vós essa alegria que nasce precisamente da verdadeira contemplação e de uma bonita vida comunitária.

17 de dezembro de 2013 ao Ministro geral da Ordem Trinitária:

> Somos todos chamados a experimentar a alegria que decorre do encontro com Jesus, para vencer nosso egoísmo, sair de nosso comodismo e ter a coragem de alcançar todas as periferias que necessitam da luz do Evangelho.

21 de novembro de 2014, Carta apostólica a todos os Consagrados por ocasião do Ano da vida consagrada:

> Que seja sempre verdade aquilo que eu disse uma vez: "Onde há religiosos há alegria". Somos chamados a experimentar e mostrar que Deus é capaz de cumular o nosso coração e tornar-nos felizes, sem necessidade de buscar a felicidade em outra parte; a autêntica fraternidade vivida em nossas comunidades alimenta nossa alegria; o nosso dom total a serviço da Igreja, das famílias, dos jovens, dos anciãos, dos pobres, nos realiza como pessoas e dá plenitude à nossa vida. Que entre nós não se vejam rostos tristes, pessoas descontentes, insatisfeitas, porque "um seguimento triste é um triste seguimento".

A desgraça do religioso triste

O melhor texto para falar da desgraça de ser um religioso descontente e triste seria "A constituição dos melancólicos": uma pérola preciosa da tradição carmelitana, escrito quando a Ordem vivia um momento de grave luta interior... Porém é um texto hoje dificilmente encontrado e, para mim, é difícil citar com precisão as passagens mais significativas: prefiro, então, acenar somente sua existência, limitando-me a recordar que o religioso feliz e alegre é uma graça, o religioso triste é uma desgraça. A nós cabe a liberdade de escolher a qual das duas categorias queremos pertencer.

24
A ALEGRIA DO ÚLTIMO LUGAR E A DESGRAÇA DO PRIMEIRO LUGAR

Devo confessar que na minha vida pregressa ao menos três vezes corri para tentar tomar o primeiro lugar, e não fui capaz porque outros mais espertos do que eu chegaram primeiro, o que é normal. Outras vezes, corri e me coloquei em primeiro lugar, mas tive a amarga surpresa de que chegaram pessoas mais importantes que eu, ainda que não mo parecessem, e, envergonhado, tive que deixar o meu lugar. Depois dessa experiência, que me fez muito bem, compreendi que não há primeiro lugar para o qual se deve lutar, a não ser o de amar e servir, servir e amar.

Para ser feliz no último lugar é preciso saber escolher e não o suportar como algo imposto ou inevitável, a alegria de escolher e a alegria de ser escolhido são algo que inunda o coração de uma paz imensa. O lugar que escolhes é sempre o primeiro, jamais o último, porque o decides assim.

O religioso, o servo de Deus, o trabalhador da vinha do Senhor que escolhe o último lugar não o faz por incompetência ou por falsa humildade, mas por convicção pessoal, porque no último lugar se esconde o Senhor e ele nos escolheu para dar-nos o primeiro lugar no seu coração.

As boas maneiras de Jesus

Não é difícil encontrar nas festas, nos banquetes ou nas visitas do Papa bispos e pessoas consideradas importantes que se dão cotoveladas a fim de chegar primeiro. Jesus é um ótimo observador e devemos ler esse Evangelho de Lucas com calma e ver por trás das palavras de Jesus o que ele nos quer dizer (Lc 14,1-14).

O banquete do qual nos fala Jesus não se refere somente aos banquetes humanos festivos, mas ao banquete eterno. O religioso que escolhe por convicção e por amor o último lugar sente-se plenamente feliz e contente, porque sua atitude não é triste, é uma escolha. Também a cruz é um dom, é um último lugar que comunica a paz na medida em que é acolhida como sinal de amor.

Há dois santos que me ajudam a compreender isso: Charles de Foucauld e Teresa do Menino Jesus.

Charles de Foucauld é o irmãozinho que se escondeu na trapa, depois em Nazaré para imitar Jesus e por último se escondeu no deserto onde, como grão de trigo, morreu e deu a vida.

Contemplou a pessoa de Jesus, que escolheu para si o último lugar — não como quem é servido, mas como aquele que serve —, e para quem o último lugar se torna o primeiro, tal como o candelabro que sustenta a vela que a todos ilumina.

Teresa do Menino Jesus

Essa Irmã do Carmelo, pequena, mas grande no seu amor, com o coração ardente pelas missões, escolheu esconder-se no Carmelo de Lisieux, e nele escolheu o último lugar.

"Escolherei o último lugar, que ninguém jamais cobiçará"; no último lugar, Teresa construiu toda sua espiritualidade de abandono, confiança e pequena via, um caminho que ela oferece a todos aqueles que se sentem pequenos: "Vinde a mim os pequeninos e eu os consolarei".

O consagrado e todos aqueles que escolhem Jesus e a Virgem Maria como modelos e decidem ser santos não podem e não devem escolher o primeiro lugar, mas o último, com a certeza das palavras de Jesus no coração: "Os últimos serão os primeiros e os primeiros serão os últimos". Não se entra no paraíso pelo cargo ou pela missão desenvolvida, mas para se viver escondidos em Deus, como diz Paulo.

Não se pode descrever a alegria do último lugar, que é vivida somente quando esse é assumido como caminho de fecundidade, do mistério de ser sal e fermento, de ser mesclado com a realidade humana que silenciosamente transforma o ambiente onde se vive.

A desgraça do primeiro lugar

É preciso compreender bem essa expressão colocada como título e que ela não quer dizer que o serviço do primeiro lugar, ou seja, o serviço da autoridade, seja uma desgraça; a autoridade é necessária e santa, boa quando vivida não pelo próprio bem-estar, pela própria realização e busca de si mesmo, mas como serviço de caridade e amor.

Torna-se desgraça quando procurada e desejada para alcançar o primeiro lugar, mesmo sob influência do poder ou mediante uma sutil simonia, com a qual se podem comprar os cargos na Igreja.

Os cargos se tornam uma descarada campanha política, imoral e injusta para quem decidiu viver a humildade e escolheu servir no amor.

Os políticos não fazem o voto de humildade nem do serviço, mas fazem bem em buscar com meios lícitos chegar ao cume do poder e da escalada. Isto, porém, não convém para os que escolheram servir a Deus, quando todos são escolhidos e ninguém se escolhe a si mesmo.

O religioso ou o consagrado que deseja ter poder e "maquina" a fim de consegui-lo não pode ser feliz e não raramente se transforma em ditador, exercita um poder que não busca a verdadeira fraternidade.

A vida religiosa, sacerdotal ou missionária tem a consciência de ser simples instrumento do amor de Deus.

O religioso que busca o poder — ainda se, como foi dito, tenha havido um tempo em que eu mesmo o tenha buscado e amado, mas o Espírito Santo me faz compreender a inutilidade disso — se torna um peso e não gera a verdadeira fraternidade.

Não há felicidade no último lugar se ele não for escolhido. Foram diversos os santos que no último lugar realizaram uma missão de evangelização.

Na vida religiosa não existe "promoção", mas serviço.

Um caso

Um operário que é contratado para lavar pratos em um restaurante deve sonhar em progredir no seu trabalho, a fim de conseguir ser um chefe e depois, lentamente, ser o dono e cozinheiro de um grande restaurante... e faz bem. Deve fazê-lo. É um caminho mais que justo de promoção e de vida. É uma exigência do seu ser e do seu desenvolvimento humano intelectual.

Porém essa visão não funciona na vida religiosa.

Imagine um postulante ou uma postulante que entrasse na vida religiosa com exigências.

"Quero fazer o noviciado daqui a um ano, estudar isto e aquilo, após três anos de profissão solene ser conselheiro provincial e, depois, geral da ordem..."

Qual Ordem o receberia?

A única resposta a dar para todas essas exigências seria a seguinte:

"Erraste a porta e o caminho, não és feito para a vida religiosa e sacerdotal. Na Igreja não há promoção para serviço e inteligência... não se compram cargos".

Quem tem ouvidos para ouvir, ouça.

25

SERVIR E SER SERVIDO

Quero iniciar com uma poesia de Rabindranath Tagore, poeta indiano do qual, há muitos anos, li com alegria as poesias, de um sabor evangélico.

> Dormi e sonhei que a vida era alegria
> Despertei e vi que a vida era serviço
> Quis servir e vi que o serviço era alegria...
> Ou também
> Tu me sorriste
> E me falaste obrigado
> E percebi
> Que era isto
> Que esperava há tempo...
> Para que serve nossa vida se ela não encontra a alegria no serviço?
> Somos chamados, escolhidos para servir a todos e não a um grupo, e também não apenas a algumas pessoas, mas a todos aqueles que o Senhor coloca em nosso caminho, não àqueles que nós buscamos porque nos são simpáticos.
> Se amas aqueles que te amam
> Se saúdas os que te saúdam
> Se convidas para comer quem te convida
> Se sorris para quem te sorri
> Se favoreces a quem te retribui...

Que mérito terás? Também os pagãos fazem assim. Jesus nos chama de "pagãos": essa palavra quer dizer simplesmente sem o Deus verdadeiro libertador, que ama a todos e que não é o Deus que se deixa comprar pelas aparências ou pela fumaça do incenso.

A alegria de servir a todos sem distinção é uma alegria que não se pode calcular: só podemos experimentá-la se o nosso coração estiver livre de todo ressentimento.

Com o coração vazio de si mesmo e do seu pequeno mundo, abramos as portas do nosso castelo, onde está Deus, que nos espera não sozinhos, mas juntamente com os outros.

Para se convencer da alegria de servir, não é preciso fazer muito esforço nem estudos especiais; é só acompanhar a vida de Jesus, que quando presente entre nós não fez outra coisa além de servir e doar...

Ele se escondeu como último entre os últimos e deu a todos a oportunidade de não esperar um "assistencialismo", mas conscientizou a todos que recebemos talentos de Deus que devemos fazer frutificar; não importa se forem dez, cinco, dois ou um, o que importa é não enterrá-los. Quem enterra suas capacidades mata a si mesmo e os outros.

Agrada-me muito ler o Evangelho; como dizia Francisco de Assis, toda a palavra de Deus *sine glossa*, "sem comentário", é como o pão: comê-lo puro, sem nada, e com fome tem um sabor especial que sacia. A parábola dos talentos não tem necessidade de exegese, mas há de se praticá-la e fazer frutificar os talentos recebidos.

O serviço não se escolhe

Minha mãe Domenica, que era analfabeta, me ensinou isto. Quando me lamentava do trabalho, daquilo que me haviam encarregado, ela me repetia dois ditados:

> Não se pode ter tudo o que se quer.
> Trabalho não se escolhe: pegamos o que aparece; espera e alguém terá necessidade de ti... como diz aquele evangelho.

Levei muito tempo para descobrir a que Evangelho minha mãe se referia, um dia o descobri. É o da parábola dos operários da última hora, o compreendi melhor ainda no Egito.

Quase todos os dias passo perto da mesquita de Shubra e vejo sempre sentadas uma dezena de pessoas, vinte, uma ocasião contei 65, que desde a primeira hora do dia, sentadas, esperavam que passasse alguém que as chamassem para trabalhar: são pedreiros, trabalhadores manuais que, desocupados, esperam. Não escolhem o trabalho... chegará.

Isso me estimulou uma reflexão.

Somos nós, religiosos consagrados, que esperamos alguém que nos chame para o trabalho na vinha do Senhor...

Deus é bom e não deixa ninguém sem trabalho... pode chegar tarde, mas seguramente chegará.

Também na vida religiosa, segundo o direito canônico, há uma idade mínima para entrar (18 anos), mas não uma idade máxima... não haverá dúvida ao se receber no Carmelo uma pessoa boa, santa, com vocação e que tenha 126 anos...

A alegria de ser escolhido, a alegria de servir, a qualquer hora, a Deus e aos irmãos e irmãs.

Jesus, o verdadeiro servo... o servidor

Quem ama a Deus deve ser servo de Deus e do próximo. A Bíblia nos oferece o caminho:

Quem se decide a servir o Senhor, prepare-se para a provação.

Certa vez, ao pregar um retiro sobre a alegria de servir a Deus e aos irmãos, no final perguntaram-me uma bibliografia, algum título de livro para aprofundar o tema.

Respondi com certo humorismo e malícia: indiquei 76 livros...

O Antigo Testamento e o Novo Testamento são os mais importantes livros para se descobrir a alegria de servir. Uma leitura atenta e amorosa da Bíblia nos fará compreender que a vida é dom a ser doado. Se todos nós servirmos, não haverá escravos e injustiças.

Vim para servir e não para ser servido

O fundamento da vida religiosa não é a teologia ou o pensamento, mas a vida de Jesus. Tê-lo sempre à nossa frente, imitá-lo nas pequenas e grandes coisas.

O texto mais evidente do Evangelho sobre a alegria de servir é Mateus 19.

A desgraça de querer ser servido

Nada mais insuportável do que uma pessoa que quer só ser servida e que a todos os favores que lhe pedem só há uma resposta, "não posso, estou ocupada, não tenho tempo"... contudo, na realidade, está sempre a pedir ajuda e quer ao seu redor uma dezena de pessoas que a auxiliem, a incensem e elogiem. Quer ser servida.

Normalmente, quem quer ser servido compra seus servidores com atitudes nem sempre honestas.

Quem quer ser servido normalmente pratica abuso de poder sobre as consciências e as compra com promessas e favores.

O religioso, o homem de Igreja ou quem desposou o Evangelho como seu caminho preferido não pode sentir-se bem em ser servido: é chamado a servir, sair de si mesmo e trilhar os vínculos mais obscuros da vida para ajudar aqueles que por vergonha se escondem ou que foram despojados de sua dignidade humana.

O religioso que deseja ser servido, como diria o papa Francisco, é alguém que escala espelhos, um alpinista a quem só lhe importa ser o primeiro e olhar o mundo do alto, não para amá-lo, mas para dominá-lo.

O desejo de ser servido se transforma em ditadura e opressão, que se pode manifestar também dentro da vida religiosa e eclesial: por exemplo, ao se desejar ser superior por todos os séculos, não dar espaço aos outros e não ter o senso da participação, viver uma sutil idolatria de si mesmo e do poder, criar leis e normas em própria vantagem e não para o bem comum.

O religioso, o homem de Igreja que deseja ser servido faz parte daquele "clericalismo" que o papa Francisco condena fortemente e que não é uma doença só dos clérigos, mas também dos frades e das Irmãs.

Ser servido é uma desgraça para a pessoa humana e produz muito mal.

No Evangelho de Mateus (6,24), Jesus admoesta: "Não podeis servir a Deus e a riqueza": são palavras de fogo. A "riqueza" não é só o dinheiro, é tudo que nos faz escravos de nós mesmos, dos prazeres, das honras, da luz e do palco da vida.

Devemos servir na transparência da nossa vida, do nosso agir, sem medo. Então, ao prestar contas, não teremos necessidade de recorrer aos subterfúgios da fuga e da mentira, fuga como a da parábola:

"Quanto deves ao meu patrão?"

Lucas 16,6-16

É uma parábola sobre a qual se comenta pouco ou nada em chave de vida eclesial e religiosa; creio, entretanto, que há muito a se aprender com a maneira sutil, falsa e oculta de agir daquele que busca proteção por seus erros. Talvez, se houvesse mais transparência, não haveria tantos encobrimentos de coisas tristes na Igreja e nas congregações.

Aprendi muito tarde na minha vida e às minhas custas, pagando o preço pessoalmente, que a verdade não tem necessidade de ser provada, porque brilha, reluz e se prova por si mesma. O que necessita ser provado ou se passar por verdade é a mentira, que, para parecer verdade, sustenta-se sobre pernas frágeis e quebradas, até caírem todos os véus.

Não procurar ser servidos e sim viver uma dependência salutar em vossa vida pessoal e comunitária... no momento em que não mais pudermos nos vestir sozinhos, andar sozinhos (Jo 19), então Jesus nos perguntará, como fez a Pedro: "Tu me amas mais do que estes?".

E nos repetirá a primeira palavra que nos disse: segue-me...

O religioso que serve se cansa na alegria que não cansa, o religioso que não serve se cansa na tristeza que cansa... é uma desgraça.

26
ELOGIAR E NÃO INVEJAR

O elogio faz bem, ajuda a alma e entusiasma; quando é equilibrado e sincero, tem a finalidade de caminhar bem. O elogio faz mal e embriaga quando não é sincero, alimenta o orgulho e a prepotência ou estimula a dominar os outros.

O religioso que sabe elogiar os outros sabe também, ao mesmo tempo, corrigir com a mesma doçura e sinceridade; é uma graça de Deus encontrar na vida pessoas sensatas e equilibradas. Jamais devemos competir, na vida humana e na vida religiosa na Igreja, para alcançar os primeiros lugares; "puxando o tapete" de alguém; jamais devemos sentir-nos felizes pelos erros, ainda que mínimos, dos irmãos e irmãs que caminham conosco; devemos nos sentir sempre felizes pelo sucesso do outro e admitir quando são melhores e mais capazes que nós. Quanto mais iniciativa e mais carismas enchem seu coração, mais deveremos estar contentes.

Triste desgraça é o religioso que sente morder o coração e lhe ferver o cérebro quando outros são melhores e então semeia *fake news* para denegrir e desvalorizar o bem que o outro faz. O bem do outro é fruto bom da videira que é Cristo, jamais produz sombra que cansa e envenena, sempre produz frutos abundantes que alegram o coração de Deus e de quem ama em Deus.

O elogio, de onde vem?

O elogio vem do amor de Deus. Porque ele nos ama, proclama-o por todos os ventos e o diz com toda tranquilidade, não é um amor escondido, é manifesto. É manifesto quando Deus nos diz que nos ama e que somos seus, que nos leva escritos na palma de sua mão, quando nos "ELOGIA" porque podemos dar mais de nós mesmos e, como ramos unidos à verdadeira videira, nos deixa aptos à poda do agricultor para que possamos produzir frutos abundantes.

Ouçamos o elogio que Deus faz a cada um de nós. Deus nos quer bem e nos ama com um amor que o homem jamais poderá quantificar, porque é eterno.

Salmo 139 (138),16-17

Teus olhos viam meu embrião.
No teu livro estão todos inscritos
os dias que foram fixados
e cada um deles nele figura.

Mas, a mim, que difíceis são teus projetos,
Deus meu, como sua soma é grande!

Mateus 10,29-31

Não se vendem dois pardais por um asse? E, no entanto, nenhum deles cai em terra sem o consentimento do vosso Pai! Quanto a vós, até mesmo os vossos cabelos foram todos contados. Não tenhais medo, pois valeis mais do que muitos pardais.

Romanos 8,28-29

Nós sabemos que Deus coopera em tudo para o bem daqueles que o amam, daqueles que são chamados segundo o seu desígnio. Porque os que de antemão ele conheceu, esses também predestinou a serem conformes à imagem do seu Filho, a fim de ser ele o primogênito de muitos irmãos.

Isaías 43,4

Pois és precioso aos meus olhos, és honrado e eu te amo.

Deuteronômio 32,10

Cercou-o, cuidou dele e guardou-o com carinho,
Como se fosse a menina dos seus olhos.

Cântico dos cânticos 8,6

Grava-me como um selo no teu coração.

Apocalipse 21,3-4

> Nisto ouvi uma voz forte que, do trono, dizia:
> "Eis a tenda de Deus com os homens.
> Ele habitará com eles;
> eles serão o seu povo,
> e ele, Deus com eles, será o seu Deus.
> Ele enxugará toda lágrima de seus olhos,
> pois nunca mais haverá morte,
> nem luto, nem clamor, nem dor haverá mais.
> Sim! As coisas antigas se foram!".

São suficientes essas poucas passagens bíblicas para convencer-nos do amor que Deus tem para com cada um de nós. Deus não nos ama "a grosso modo", nos ama como indivíduos, com a nossa identidade, nossa personalidade, com nossos pecados e defeitos. Devemos amar os outros como são, assim como Deus nos ama como somos para transformar-nos naquilo que ainda não somos.

Deus jamais destrói nossos ideais, ele nos purifica e fortalece para sermos melhores. Uma das frases de quem não sabe reconhecer o esforço do irmão que luta para ser bom e que mais fere o coração é: "Contigo não há nada a fazer, és um caso perdido".

Jamais uma frase assim ou semelhante sairá da boca e do coração de Deus e do religioso e consagrado que ama verdadeiramente o outro. Sempre haverá uma oportunidade.

Elogiar com inteligência e com amor quer dizer corrigir e ter paciência para que a pessoa possa encontrar a confiança, o que hoje chamamos de autoestima, mas, seguindo o Evangelho, chamaria de confiança no outro. A parábola (Lc 13,6-9) nos ajuda compreender como o Senhor sabe esperar para que possamos converter-nos e dar frutos. Com a morte termina a oportunidade da conversão.

Sem dúvida, os melhores elogios foram aqueles trocados pela anciã Isabel e pela jovem Maria, um encontro que contém a força da esperança na mudança de vida. Maria se põe a caminho para ajudar, Isabel a recebe em sua casa com alegria e sente que é visitada pela Mãe do Senhor; assim, diante deste elogio, Maria canta o seu *Magnificat*, uma oração saída do coração, da humildade e do reconhecimento de que Deus sempre faz grandes coisas em quem se abre ao amor e acolhe a inquietação do Espírito Santo, que busca a quem amar.

O Espírito Santo está sempre inquieto, buscando a quem amar.

É claro que o elogio não deve ser servil para obter os prêmios de recompensa ou alcançar os fins que não temos capacidade de conquistar com nossas qualidades, sem ajuda externa.

Também na vida religiosa e na vida da Igreja os nossos elogios devem nascer só da verdade que tem a capacidade de consagrar-nos e libertar-nos das visões curtas e mesquinhas.

Jesus elogia João Batista: "não há homem maior que João Batista". Esse profeta, que tinha palavras duras para todos, tinha também um coração aberto e generoso para os que buscavam a luz da presença do Deus libertador.

É verdadeiramente uma graça o religioso que sabe promover o outro, que sabe elogiar quem faz o bem, que sabe estimular aqueles que buscam com esforço progredir na vida de comunhão e de unidade.

A destruição da inveja

Não é por acaso que a inveja é considerada um dos pecados capitais: firma suas raízes no coração humano e nos torna cegos e irracionais, coloca em movimento toda malícia escondida em nós, que pode chegar à calúnia para destruir o outro ou inventar histórias que só servem para fazer o mal.

Se o religioso sabe elogiar o bem que vê no irmão e na irmã, independentemente da simpatia ou antipatia, a inveja não só é incapaz de ver o bem, mas quando o vê, irrita-se e inventa bombas atômicas para destruí-lo.

Ver o bem. Mesmo no antipático

Contaram-me uma história verdadeira que dá alegria ouvir e mostra como nem a simpatia, nem a antipatia, nem a inveja podem obscurecer a capacidade humana.

Em um capítulo provincial muito difícil de se realizar pelas divisões de simpatia e antipatia, pois faltava o sério discernimento do Espírito Santo que ajuda enxergar o bem mesmo se floresce entre estrume. Flor é sempre flor, o fruto é sempre fruto e o bem é sempre bem.

Após tantas discussões, votações e revotações, foi eleita uma pessoa que era o oposto do outro candidato, porém devemos reconhecer que possuía boa capacidade, honestidade, boa visão de vida religiosa, era uma pessoa capaz.

Alguém se aproximou do outro candidato e perguntou:

"Para quem destes o voto?"

O candidato respondeu com muita simplicidade:

"Dei para quem venceu, ele venceu também com o meu voto".

O outro acrescentou:

"Não sabes que ele não pode ver-te e tem por ti uma antipatia mortal e inveja?"

A resposta:

"Sei há muito tempo. Mas é uma pessoa capaz e neste momento é a única que pode dirigir bem a província…"

Aí está.

É assim que se deve agir, não deixar-se corroer de inveja e orgulho que arruína a vida pessoal, da comunidade e da Igreja…

São João Crisóstomo, exemplo de sabedoria e de experiência, dizia:

"Como uma traça consome um tecido, assim a inveja consome um homem."

Há um pensamento da Escritura que desejaria propor à nossa reflexão.

Um coração tranquilo é a vida do corpo.

A inveja é a cárie dos ossos (Pr 14,30).

Jamais devemos temer ou sentir-nos agredidos pela capacidade do outro, mas sentir-nos felizes e esconder-nos à sua sombra para que o sol do mal não *"nos faça mal"*.

Grande alegria é ser estimulado pelo elogio sincero do irmão que, vendo nosso esforço, nos anima e encoraja a não perdermos de vista o ideal e torce por nós para que possamos vencer e superar todo medo.

Grande tristeza provoca o evento gélido da inveja que bloqueia o desenvolvimento e a capacidade de crer em si mesmo e em sua potencialidade.

O Senhor providencia homens religiosos de Igreja que não semeiam a divisão e o desespero, e que não consideram os outros como incapazes, mas como dons. Homens e mulheres da esperança, que sabem ver nascer plantas que darão frutos, sombra e perfume na casa da humanidade.

27
CREDÍVEL PELA VIDA E NÃO PELA PALAVRA

Haveria tantas desgraças e graças da vida religiosa, como disse São João Evangelista, que, se devêssemos dizê-las todas, o mundo inteiro não bastaria para contê-las; todos os dias aparecem novas, velhas ou renovadas. Na vida espiritual como na vida cotidiana humana, somos prejudicados pelos pecados que a tradição definiu "capitais" porque aprofundam suas raízes na realidade humana, contaminada e ferida por eles. Todos esses pecados se encontram na Escritura, na tradição da Igreja e na vida cotidiana, e nós sentimos o seu peso. Creio que o único autor que tenha apresentado os sete vícios capitais sob a luz da espiritualidade foi São João da Cruz em *Noite escura*. Como nem todos devem ter seus escritos em mãos, desejo transcrever estas quatro ou cinco linhas que serão úteis a quem desejar percorrer a via do Espírito.

> Feliz o religioso, homem de Igreja, cujas palavras são confirmadas pela vida e que é credível naquilo que diz, porque sua vida cotidiana o prova e o confirma. Fala com a vida. Testemunha aquilo que crê.
> Seu silêncio é a palavra mais forte que pode dizer na comunidade, ao povo e na Igreja.

Quantas vezes nos perguntamos como podemos definir quem escolhe a vida consagrada?

É um simples, pobre cristão que, movido pelo Espírito Santo, decide seguir Jesus, sem nenhuma pretensão e sem recompensa, só pela alegria de servir. Não pertence à hierarquia, mas é fermento e sal no coração do povo de Deus, como chama viva de amor e esperança.

É a hora do testemunho e da credibilidade, o tempo da palavra é inverno que deve passar e tornar a florir a doce primavera da vida em flor que dará frutos.

Também as estações, na vida espiritual, da Igreja e na vida religiosa alternam com regularidade, à beleza da primavera, o calor do verão que amadurece os frutos; ao outono da colheita sucede-se o inverno do silêncio... mas no tempo oportuno retornará a primavera.

O povo de Deus tem necessidade de cristãos que tornem credível o Evangelho.

Triste é o religioso que não é credível

Triste é o consagrado a Deus que sabe que não é credível em suas palavras, porque o povo o julga pelas suas ações que revelam o contrário do que diz. A palavra de Deus não é um livro de receitas sobre como viver, é um caminho somente válido quando aquele que o anuncia o vive com muito amor e seriedade, suas palavras se ocultam em suas ações.

> Porque os homens, vendo vossas boas obras creem no Pai que está nos céus (Mt 5).

O verbo teve necessidade de "deixar-se" tornar palavra, descer do céu, do Dicionário Divino, para entrar na história humana, se fez carne e nós o vimos, tocamos, ouvimos e damos testemunho vivo. Não somos cristãos da classe A ou classe Z... todos somos chamados a sermos santos através da exigência da radicalidade da vocação a que fomos chamados, porque nosso Deus é santo.

São Francisco de Sales disse: "Erraria o homem de negócio, o advogado, o comerciante que quisesse viver como capuchinho ou carmelita, como erraria também o bispo, o religioso que quisesse viver como o advogado, o comerciante, o homem de negócio... mas todos são chamados a ser santos".

Uma das maiores graças da Igreja e da vida religiosa será quando a própria Igreja e a vida religiosa não tiverem mais necessidade de livros para serem cridos, pois a vida o dirá com clareza inequívoca.

Os analfabetos não sabem ler livros, mas sabem ler a vida.

Minha mãe Domenica

Talvez estejam cansados em ouvir falar de minha mãe Domenica, professora de Bíblia, teóloga, psicóloga... analfabeta. Foi ela que me educou e, depois dela, as monjas carmelitas descalças, desde as de Arezzo, na Itália, às do Brasil e do mundo, que, com a oração, fizeram não com que eu deixasse de cometer tolices, mas me ajudaram a evitar as maiores tolices da vida. Ensinaram-me com a credibilidade da vida, não com palavras.

Um domingo, ao voltar a casa com minha mãe após ter celebrado a Santa Missa, ter feito a homilia e tudo o que pedia a liturgia, ela comentou, ainda no carro:
"Esta tarde celebraste muito mal a Missa".
Procurei desculpar-me dizendo:
"Como sabes?"
E ela, com a calma que sempre tinha quando dizia algo sério:
"As mães não se enganam e não se deixam enganar pela aparência, via-se nos teus olhos, nas palavras e como realizavas as 'coisas' da Missa que não estavas bem, estavas ali, mas não estavas ali. É melhor que não digas a Missa quando é assim!"
Permaneci em silêncio. Provocou-me várias vezes para responder, mas permaneci em silêncio e só à noite, a sós, distante dela, chorei.
Tinha razão.
Os analfabetos são mesmo santos que não sabem ler livros, mas leem os olhos, a vida e os gestos.
Todos sabem ler e interpretar a Bíblia da vida. A vida religiosa é a Bíblia da vida que deve ser lida pelo povo de Deus; quem é escolhido por Deus para ser seu embaixador no mundo deve ser credível, só assim será uma graça de Deus. Entretanto, se suas palavras são desmentidas por suas ações, será uma desgraça, porque viverá a angústia de Judas e da traição.

Como recuperar a credibilidade?

Não serão os documentos da Igreja, nem a exegese bíblica ou os documentos dos capítulos gerais masculinos ou femininos que terão capacidade de conceder à vida religiosa a sua credibilidade.
O caminho é um só.
O testemunho, a vida, o profetismo da vida e da Palavra. Sabemos como os profetas muitas vezes são chamados a assumir o gesto que, por si mesmo, parece forte.
Há dois exemplos de Jeremias: o do vaso e o do cinto escondido...
Não se pode brincar de ser profeta.
Não se pode brincar de ser santo.
Não de se pode brincar de viver a vida religiosa.
Sem um empenho real, uma transparência e uma visibilidade dos valores inegociáveis da parte de quem é chamado e decide seguir Jesus pobre, obediente, casto, missionário, profeta, fraterno.
É um risco que devemos trilhar para viver a alegria da vida.

28
RECOMEÇANDO O CAMINHO

Podemos continuar nosso caminho sobre graça e desgraça da vida religiosa, mas não haverá nada de novo; podemos sintetizá-lo em uma pequena frase:

> A maior graça para a vida religiosa, para a Igreja e para o mundo são os santos...
> A maior desgraça para a vida religiosa e para a Igreja é um religioso que não é santo e não se esforça com todo seu ser para tanto, de forma a colocar Deus, o Evangelho e os irmãos no centro de sua vida.

Nenhum santo sabe que é santo. Nenhum santo proclamou-se como tal; ele sabe que a santidade é um peso que às vezes se carrega com dor, nos faz bem e mal. Não devemos jamais fazer propaganda do bem que fazemos.

Que a tua mão direita não saiba o que faz a tua esquerda.

Somos chamados a mostrar com parresía e coragem, sem medo, os valores do Evangelho; os frutos são evidentes, não é necessário mostrá-los e colocá-los na vitrine. Os santos são uma vitrine de Deus não porque eles querem, mas porque Deus o quer. "Deus se revela na face dos santos, em suas obras, chama-os do silêncio do deserto e os obriga a falar, chama-os a se revelarem porque são a verdade."

Os santos são pecadores que desejam sair do pecado e chegar, como diz São João da Cruz, ao cume do monte que é Cristo; caminham pela via estreita, pela via do nada, não buscando os bens materiais nem espirituais, e sim o nada humano para ser o Tudo de Deus.

Não alcancei a perfeição (Fl 3,14-17)

Não há dúvida que Paulo fosse um pecador calejado, radical e fundamentalista fechado no mundo judaico, que perseguia com todo seu ser os que buscavam atacar o Monoteísmo judaico.

Porém o encontro com a verdade o transformou, ficou cego para recuperar uma nova visão.

Paulo busca a verdade, a perfeição. Eis o que ele diz:

> Não que eu já tenha alcançado a perfeição, mas vou prosseguindo para ver se a conquisto, uma vez que também já fui alcançado por Cristo Jesus (Fl 3,12).

Que as palavras do apóstolo Paulo à comunidade de seu coração, a qual ele educa mais com o exemplo do que com palavra, possam servir como porta aberta para jamais fechar o nosso caminho, que nos deve levar ao encontro com Jesus vivo e presente em nosso meio.

A vida religiosa oferece-se para ser consagrada a Deus e ao seu povo e para acolher em nós a verdade que nos consagra; não poderá jamais faltar no coração da Igreja porque é fermento, perfume, sal e vida. No decorrer dos séculos, a história nos ensina que mudaram muitas modalidades dessas consagrações, desde nômades que, solitários profetas, tomaram o caminho do deserto para estar a sós com o único, que é Deus, até os que a sós se teriam perdido, mas que movidos pelo Espírito Santo decidiram viver junto com outros a aventura da *Sequela Christi*.

Houve os que sentiram necessidade de outras formas de vida, nas quais há o espaço do serviço aos irmãos sem destruir e anular o espaço de Deus, e que buscaram viver as obras de misericórdia...

Formas de vida contemplativa, missionária e apostólica vividas na gratuidade e como resposta ao amor de Deus.

A vida religiosa e os consagrados são válidos e necessários se sua vida for uma constatação profética, uma silenciosa rebelião a tudo o que nos afasta de Deus e diminui a primazia do amor.

Os consagrados, os monges, são profetas incômodos para a estrutura da própria Igreja, que busca tranquilidade e estabilidade; os profetas criam confusão, desestabilizam e não possuem normas, pois agem sob o impulso do Espírito Santo.

A voz de Deus, da consciência e do grito do povo que sofre são sempre mais fortes que a voz do direito canônico e das normas que fossilizam o coração.

Recomeçar o caminho

A vivência das virtudes humanas, espirituais e teologais tornam alegre a vida religiosa e nos convidam a cantar "como é bom os irmãos viverem juntos"; nisso reconhecerão que somos seguidores de Jesus. Um caminho que jamais terá fim, será sempre um cair, mas sempre nas mãos estendidas de Deus e dos irmãos e irmãs que nos ajudarão a levantar-nos.

O consagrado que vive e se esforça na vivência do Evangelho é uma grande graça...

Quem caminha só, fechado no egoísmo, na individualidade, se cair não terá quem o levante, permanecerá sob o peso da cruz e dos seus pecados.

Não se pode caminhar só nem chegar sozinho ao Paraíso, portanto devemos caminhar juntos...

BOM CAMINHO.

29
A COVID:
DESGRAÇA E GRAÇA

Que a Covid-19 é uma desgraça *é um* fato com o qual todos estão de acordo, não é difícil se convencer disso. Vivemos um tempo em que a ciência é *considerada* uma espécie de divindade; por outro lado, para muitos, a Covid-19 é uma falsidade científica e ideológica e, na confusão que se criou, muitos não sabem o que devem fazer. Perpassam diante de nossos olhos e por nossa mente muitas imagens, certamente não fictícias: pilhas de caixões, por vezes pilhas de cadáveres, que não tiveram a possibilidade de um sepultamento digno, executado com a devida atenção e amor que quereríamos e deveríamos dar aos nossos defuntos. Segundo as estatísticas, são muitas as pessoas mortas pela Covid, também muitíssimos religiosos e religiosas, sacerdotes, bispos... a doença não olhou no rosto de ninguém: ricos e pobres, crentes e não crentes.

Houve na história da humanidade muitas epidemias, talvez piores que a da Covid-19; contudo, no passado, não havia o frenesi dos meios de comunicação de hoje, que nos lançam todo tipo de notícia, mesmo sem verificar a fonte. Todos nós queremos, em nome da liberdade de expressão, manifestar o nosso pensamento, também às custas de ferir sentimentos humanos e religiosos. Morreram jovens e anciãos e, diante desta situação, o medo e a desconfiança levaram vantagem sobre todos nós. Assim criamos barreiras de distanciamento e muros de separação. Com atenção e obediência às normas que a ciência e a política nos impuseram, estamos todos nos habituando a ser atores nessa tragédia humana, utilizando máscaras cirúrgicas, dando atenção ao distanciamento entre pessoas e tudo o mais que conhecemos muito bem.

Ciência e fé não são inimigos, pelo contrário! Devem se ajudar reciprocamente, mesmo para não se tornarem — nem uma e nem outra — ridículas. De fato, se *existe algo que prejudica a vida interior e a sanidade intelectual* da religião é exatamente o *"fideísmo"*, que gera o fanatismo. Também, se *existe algo* que prejudica a ciência, o seu equilíbrio e a sua capacidade de persuasão é *exatamente* o fanatismo científico, que não aceita colocar em discussão as proposições científicas e não aceita a própria pobreza e os seus limites. É o caso de dizer, parafraseando Jesus: "Dai à ciência o que é da ciência e a Deus o que de Deus".

A desgraça da Covid-19 — pois todas as doenças são uma desgraça —, quando passará? Quando, finalmente, poderemos tornar a *"rever as estrelas"* e ser novamente cidadãos livres, em uma liberdade que não nos exponha ao vírus? Não podemos dizer, ninguém sabe. Também a Igreja, inicialmente, recorreu justamente a oração, procissões, *Via Crucis* e adoração ao Santíssimo Sacramento, mesmo sob chuva ou com frio na praça de São Pedro, deserta, onde o papa Francisco conduziu a oração. Também foram feitas orações à Virgem Maria e pedidos de intercessões a todos os santos. Porém jamais a Igreja negou a realidade da doença, jamais a interpretou como um castigo de Deus para a humanidade ou como sinal de um eminente fim de mundo. Não, jamais caiu no fundamentalismo. A oração sempre *foi* vista como um santo remédio que auxilia a reforçar a fé, a esperança e o amor. Mesmo sob esse ponto de vista, a Covid permaneceu uma desgraça para a humanidade.

Mas a Covid pode ser uma graça.

Embora muitas pessoas tenham sobrevivido à Covid, essa terrível doença, que atingiu todo o mundo com múltiplas variantes, se torna sempre mais enganadora e perigosa em seu contágio. O número dos *"no vax"*, ainda que mínimo se confrontado com toda a população, permanece desestabilizante. Assistimos diversas manifestações de protesto contra a obrigação vacinal e a utilização do uso do *green pass* para se poder trabalhar e levar uma vida social. Essa doença, da qual eu mesmo fui vítima, *foi* a ocasião, para mim e para tantas pessoas que conheço, de um encontro comigo mesmo, um repensar as relações com o próximo, um encontro diferente, talvez mais profundo com Deus. Vi morrerem amigos e confrades e perguntei-me: "Por que eles e não eu?". Vieram-me à mente as palavras de Jesus: "Como naqueles dias que precederam o dilúvio, estavam eles comendo e bebendo, casando-se e dando-se em casamento, até o dia em que Noé entrou na arca e não perceberam nada, até que veio o dilúvio e os levou a todos. Assim acontecerá na Vinda do Filho do Homem. E estarão dois homens no campo: um será tomado e o outro deixado. Estarão duas mulheres moendo no moinho: uma será tomada e a outra deixada. Vigiai, portanto, porque não sabeis em que dia vem o vosso Senhor" (Mt 24,38-42).

Assim, a vida e a morte tornam-se um mistério ante o qual não nos resta senão ajoelhar-nos e permanecer em silêncio. O silêncio não é apático ou confronto gélido, torna-se palavra cortante que faz mal e bem. Faz mal porque não se encontram as respostas desejadas, faz bem porque nos força a entrarmos em nós mesmo, nos impulsiona a mudar de estrada, ressurgir, ser coerentes na vida para não temer a morte.

Quando olhamos a morte diretamente nos olhos, *é então que* vemos com os olhos da fé a luz da ressurreição.

Durante a doença experimentei que a vida é frágil. Senti minha incapacidade, a necessidade dos irmãos e irmãs, encontrei amor, compreensão e palavras de encorajamento. Durante as longas semanas de isolamento — não total, mas parcial, porque todos os dias alguns dos meus irmãos me visitavam —, pude celebrar a Eucaristia na minha cela, fazer minhas orações, especialmente o Ofício divino; pessoas amigas telefonam-me, sabia que no Brasil e no resto do mundo havia muitas pessoas que me estavam próximas na oração, e tudo isso me ajudou imensamente a superar a solidão.

Agradeço os médicos que me acompanharam com amor e grande dedicação, como também meus confrades; porém, devo reconhecer que, depois de ter sido declarado curado da Covid, entrei em um tipo de "depressão" por conta do medo de não voltar a ser como antes; sentia muita fraqueza, insônia e falta de apetite. Fui hospitalizado por doze dias em um hospital italiano, onde recebi a atenção das irmãs e dos médicos, não permanecendo só. A Covid havia causado uma série de "desequilíbrios" que era necessário reequilibrar, dentre esses, a situação do meu irmão, diabético, que me acompanha há mais de 20 anos.

Devo dizer que contraí o vírus embora já tivesse tomado duas doses de vacina, e, em certo sentido, sentia-me já protegido. Quando descobri que estava com Covid, perguntei-me: "Então, para que serviu ter sido vacinado? A vacina é verdadeiramente eficaz?". Fui assaltado pela dúvida, minha mente encheu-se de estupidez e de temor, entre alguns medos imaginários e outros reais, pela minha saúde.

Os médicos continuavam dizendo-me que estava bem. Estavam plenamente convencidos — o único que não estava era eu, pois sentia claramente que não possuía mais os mesmos reflexos, a mesma alegria, a mesma força. Havia dentro de mim a vontade *de recomeçar* e senti a necessidade de ajuda psicológica. Inicialmente não fui ouvido, mas minha insistência produziu seus frutos. Naquele momento percebi a união entre ciência e fé. O Senhor se *fez presente em minha vida* e percebi que muita coisa estava um pouco (ou talvez muito) em desordem.

Deus *entrou* mais uma vez em minha vida "pela porta" da Covid, pedindo-me para segui-lo com fidelidade e amor, também com forte determinação Teresiana. Ele revirou os meus planos e me fez compreender o que havia dito por meio do profeta Isaías: "Meus pensamentos não são os vossos pensamentos, meus caminhos não são os vossos caminhos"; assim também as palavras de Edith Stein, que me acompanharam em tantas ocasiões da vida: "Sabemos que Deus nos conduz, não sabemos aonde nos conduz, todavia ele nos conduz".

O tempo da doença foi, além disso, uma ocasião para imergir-me na leitura dos santos do Carmelo: Teresa d'Ávila, João da Cruz, Teresa do Menino Jesus, a minha amada secretária, até Elizabete da Trindade, Chiquitunga e Teresa dos Andes. Um desejo ardente queima dentro de mim, fazendo-me desejar ser missionário através da oração e do sacrifício, também usando todos os meios de comunicação possíveis para anunciar a misericórdia do Senhor.

A conversão não é um fato adquirido uma vez para sempre, estamos sempre em um processo contínuo de conversão. Olhando o Crucifixo sobre o Calvário, notamos que não está só: à direita e à esquerda estavam malfeitores, talvez também eles em busca de salvação. Estou convencido de que não foi só um que entrou no paraíso com Jesus, mas ambos transpuseram a porta do coração de Cristo transpassado pela lança.

A vida religiosa, a Igreja e toda a humanidade, abrindo os olhos, pode (e deve) ver na Covid não só uma *desgraça*, e sim uma *graça*, uma oportunidade para refletir sobre o presente e o futuro da vida religiosa.

Parece-me que existem pelo menos cinco vias que podem ser empreendidas no período pós-pandemia, se quisermos continuar a viver e ser testemunhas credíveis:

1. Não devemos temer que a vida religiosa termine. Ela deve continuar porque é o coração da Igreja; todavia, deve mudar de caminho, deve se tornar uma vida marcada pela liberdade e pelo espírito de missão profética, que coloque em discussão as estruturas tradicionais. Para seguir Jesus Cristo não servem estruturas, mas um carisma mais forte.

2. A criatividade na vida religiosa é força e docilidade do Espírito Santo, o qual suscita continuamente novos caminhos e novas respostas a instâncias do mundo em que vivemos. Os novos desertos de hoje são as cidades, as periferias: *é ali* que os novos monges, novos frades e novos mosteiros da vida contemplativa devem inserir-se como "sentinelas", no coração das cidades, ardentes de amor divino.

3. É oportuno redescobrir a força de uma oração ágil e espontânea, uma liturgia que dá à alma um novo respiro, uma experiência de Deus entrelaçada de

humanidade, de lágrimas e de sangue de tantos irmãos e irmãs nossos que lutam por um pedaço de pão. Não podemos continuar fechados no interior de nossos conventos e mosteiros, como em um "oásis" tranquilo onde não falta nada, sem sentirmos a força do Espírito Santo que nos chama a estar próximos de quem luta por justiça e liberdade.

4. É necessário promover uma vida religiosa "temporária", isso é, de pessoas que querem consagrar-se ao serviço de Deus e dos irmãos por um período de cinco, dez ou quinze anos, com votos de pobreza, obediência e castidade, e que, transcorrido este período, possam voltar à vida laical para se casar ou assumir cargos políticos e sociais.

5. Atualmente há jovens inseguros que procuram Deus em rígidas estruturas "medievais", com gestos repetitivos que oferecem segurança, que porém, cedo ou tarde, estão destinados a cair porque foram construídos sobre areia. Jovens que buscam a Deus e o serviço dos irmãos e irmãs só por sentimento e compaixão, e vacilam porque não há um fundamento sólido em que se apoiar. Só quem busca a Deus e o serve nos pequenos, nos últimos, nas periferias, sem buscar a si mesmo, mas unicamente a Deus no outro, poderá resistir à tempestade de todos os tipos de Covid-19, físicos ou espirituais.

Posso me enganar, mas é isso que vejo e sinto. Amo o Carmelo, desejá-lo-ia mais profético e mais livre. Desejaria ser um profeta ao estilo de Teresa de Jesus e João da Cruz, que foram fermento e luz, abrindo novos caminhos. Quem se limita a ser só um repetidor não trará jamais nenhuma novidade. Quando a Palavra de Cristo entra em nós, a novidade pode tardar, mas chega. O caminho sinodal que a Igreja e o papa Francisco desejam *é* um caminho mais forte e revolucionário do Concílio Vaticano II, uma vez que a hierarquia eclesiástica havia percebido que a maioria dos fiéis, a base, estava insatisfeita. Ora, é através da base e do próprio povo insatisfeito que a hierarquia eclesiástica desempenha sua missão. *E uma silenciosa* e fecunda revolução, que requer a humildade e a coragem de abrir novos caminhos.

Já dizia o profeta Isaías: "Ai dos filhos rebeldes — oráculo do Senhor — que fazem projetos, mas não vindos de mim! Que formam alianças, mas não sugeridas pelo meu espírito [...]. Por isso, assim diz o Santo de Israel: 'Visto que rejeitastes essa palavra e pusestes vossa confiança na fraude e na tortuosidade e aí vos apoiais, este comportamento perverso será para vós como uma brecha que forma uma saliência em um alto muro, cujo desmoronamento se dá de repente, ou como a quebra de um vaso de oleiro, despedaçado sem piedade' [...]. Mas o Senhor espera a hora de poder mostrar-vos a sua graça, ele se ergue para mostrar-vos a sua compaixão, porque o Senhor é um Deus de justiça: bem-aventurado todo aquele que nele espera. Ó povo de Sião, que habitas em Jerusalém, certamente tu não hás de tornar a chorar. À voz do teu clamor, ele fará sentir a sua graça; ao ouvi-lo, ele responderá; dar-vos-á o pão da angústia e a água da amargura; aquele que te instrui não tornará a esconder-se e os teus olhos verão aquele que te instrui. Teus ouvidos ouvirão uma palavra atrás de ti: 'Este é o caminho, segue-o', para que não venhas a te desviar seja para a direita, seja para a esquerda" (Is 30,1.12-14.18-21).

No Novo Testamento, são estas as palavras do Evangelho de João: "Essas coisas vos tenho dito estando entre vós. Mas o Paráclito, o Espírito Santo que o Pai enviará em meu nome, vos ensinará tudo e vos recordará tudo o que eu vos disse" (Jo 14,25-26).

APÊNDICE

DISCURSO DO SANTO PAPA FRANCISCO[1]

Visita pastoral a Assis
Encontro com os pobres assistidos pela Cáritas
Sala da Espoliação do Bispado
Assis, sexta-feira, 4 de outubro de 2013

O meu irmão Bispo disse que é a primeira vez, em 800 anos, que um Papa vem aqui. Nestes dias, nos jornais, nos meios de comunicação, imaginavam-se coisas. "O Papa irá despojar a Igreja, ali!". "Do que despojará a Igreja?". "Despojará as vestes dos Bispos, dos Cardeais; despojar-se-á a si mesmo". Essa é uma boa ocasião para fazer um convite à Igreja a despojar-se. Mas todos nós somos Igreja! Todos! Desde o primeiro batizado, todos somos Igreja, e todos devemos caminhar pela estrada de Jesus que percorreu ele mesmo um caminho de despojamento. Tornou-se servo, servidor; quis ser humilhado até à Cruz. E se nós quisermos ser cristãos, não há outro percurso. Mas não podemos fazer um cristianismo um pouco mais humano — dizem — sem cruz, sem Jesus, sem despojamento? Desta forma tornar-nos-íamos cristãos de confeitaria, como lindos bolos, como boas coisas doces! Muito lindos, mas não cristãos verdadeiros! Alguém dirá: "Mas do que se deve despojar a Igreja?". Deve despojar-se hoje de um perigo gravíssimo, que ameaça todas as pessoas na Igreja, todos: o perigo do mundanismo. O cristão não pode conviver com o espírito do mundo. A mundanidade que nos leva à vaidade, à prepotência, ao orgulho. E isso é um ídolo, não é Deus. É um ídolo! E a idolatria é o maior pecado!

Quando os *mass media* fala da Igreja, pensam que a Igreja são os padres, as freiras, os Bispos, os Cardeais e o Papa. Mas a Igreja somos todos nós, como eu disse. E todos nós devemos despojar-nos desta mundanidade: o espírito contrário ao espírito das bem-aventuranças, o espírito contrário ao espírito de Jesus. A mundanidade faz-nos mal. É tão triste encontrar um cristão mundano, convicto — a

---

1. Disponível em: <https://www.vatican.va/content/francesco/pt/speeches/2013/october/documents/papa-francesco_20131004_poveri-assisi.html>. (N. da R.)

seu parecer — daquela certeza que a fé lhe dá e certo da segurança que lhe oferece o mundo. Não se pode trabalhar nas duas partes. A Igreja — todos nós — deve despojar-se da mundanidade, que a leva à vaidade, ao orgulho que é a idolatria.

O próprio Jesus dizia-nos: "Não se pode servir a dois senhores: ou serves Deus ou serves o dinheiro" (cf. Mt 6,24). No dinheiro havia todo esse espírito mundano; dinheiro, vaidade, orgulho, aquele caminho… nós não podemos… é triste cancelar com uma mão o que escrevemos com a outra. O Evangelho é o Evangelho! Deus é único! E Jesus fez-se servo por nós e o espírito do mundo não tem lugar aqui. Hoje estou aqui convosco. Muitos de vós fostes despojados por este mundo selvagem, que não dá trabalho, que não ajuda; ao qual não importa se há crianças que morrem de fome no mundo; não importa se tantas famílias não têm o que comer, não têm a dignidade de levar o pão para casa; não importa que tanta gente tenha que fugir da escravidão, da fome, em busca de liberdade. Com quanto sofrimento, muitas vezes, vemos que encontram a morte, como aconteceu ontem em Lampedusa: hoje é um dia de pranto! Essas coisas são feitas pelo espírito do mundo. É muito ridículo que um cristão — um cristão verdadeiro — um sacerdote, uma freira, um Bispo, um Cardeal, um Papa, queiram ir pelo caminho desta mundanidade, que é uma atitude homicida. A mundanidade espiritual mata! Mata a alma! Mata as pessoas! Mata a Igreja!

Quando Francisco, aqui, fez aquele gesto de se despojar, ainda era jovem, não tinha força para isso. Foi a força de Deus que o estimulou a fazê-lo, a força de Deus que nos queria recordar o que Jesus nos dizia sobre o Espírito do mundo.

Hoje, aqui, procuramos a graça para todos os cristãos. Que o Senhor dê a todos nós a coragem de nos despojarmos, não de 20 cêntimos, de nos despojarmos do espírito do mundo, que é a lepra, é o cancro da sociedade! É o cancro da revelação de Deus! O espírito do mundo é o inimigo de Jesus! Peço ao Senhor que conceda a todos nós esta graça de nos despojarmos. Obrigado!

* * *

No final do encontro pronunciou as seguintes palavras.

Muito obrigado pelo acolhimento. Rezai por mim, que disso tenho muita necessidade… Todos! Obrigado!

* * *

A seguir, as palavras que o Papa tinha preparado para esta ocasião.

Amados irmãos e irmãs!

Obrigado pelo vosso acolhimento! Este lugar é especial, e por isso quis fazer uma parada aqui, mesmo se o dia é muito cheio. Aqui Francisco despojou-se de tudo, diante do seu pai, do Bispo e do povo de Assis. Foi um gesto profético, e também um ato de oração, um ato de amor e de entrega ao Pai que está nos céus.

Com aquele gesto Francisco fez a sua escolha: a escolha de ser pobre. Não é opção uma sociológica ou ideológica, mas a escolha de ser como Jesus, de o imitar, de o seguir até ao fim. Jesus é Deus que se despoja da sua glória. Lemos isto em são Paulo: Cristo Jesus, que era Deus, despojou-se a si mesmo, esvaziou-se a si mesmo e fez-se como nós, e nesse humilhar-se chegou até à morte de cruz (cf. Fl 2,6-8). Jesus é Deus, mas nasceu nu, foi colocado numa manjedoura, e morreu nu e crucificado.

Francisco despojou-se de tudo, da sua vida mundana, de si mesmo, para seguir o seu Senhor, Jesus, para ser como ele. O Bispo Guido compreendeu aquele gesto e levantou-se imediatamente, abraçou Francisco, cobriu-o com o seu manto e deu-lhe sempre amparo e proteção (cf. *Vita Prima*, FF, 344).

O despojamento de são Francisco diz-nos simplesmente o que o Evangelho ensina: seguir Jesus significa pô-lo em primeiro lugar, despojar-nos de tantas coisas que possuímos e que sufocam o nosso coração, renunciar a nós mesmos, tomar a cruz e carregá-la com Jesus. Despojar-se do eu orgulhoso e desapegar-se do desejo do ter e do dinheiro, que é um ídolo que [nos] possui.

Todos somos chamados a ser pobres, a despojar-nos de nós mesmos; e por isso devemos aprender a estar com os pobres, partilhar com quem não tem o necessário, tocar a carne de Cristo! O cristão não é alguém que enche a boca com pobres, não! É alguém que se encontra com eles, que olha para eles de frente, que toca neles. Estou aqui não para "ser notícia", mas para indicar que esse é o caminho cristão, o que percorreu São Francisco. São Boaventura, falando do despojamento de São Francisco, escreve: "Assim, portanto, o servo do Rei altíssimo foi deixado nu, para que seguisse o Senhor nu crucificado, objeto do seu amor". E acrescenta que assim Francisco se salvou do "naufrágio do mundo" (FF, 1043).

Mas, como Pastor, gostaria de perguntar: do que se deve despojar a Igreja?

Despojar-se de qualquer mundanidade espiritual, que é uma tentação para todos; despojar-se de qualquer ação que não é para Deus e não é de Deus; do medo de abrir as portas para ir ao encontro de todos, sobretudo dos mais pobres, dos necessitados, dos distantes, sem esperar; certamente, não para se perder no naufrágio do mundo, mas para levar com coragem a luz de Cristo, a luz do Evangelho, também na escuridão, onde pode acontecer que se tropece; despojar-se da tranquilidade aparente que as estruturas oferecem, certamente necessárias e importantes, mas que nunca devem obscurecer a única verdadeira força que tem em si: Deus. Ele é a nossa força! Despojar-se do que não é essencial, porque a referência é Cristo; a Igreja é de Cristo! Muitos passos foram dados, sobretudo nestes decênios. Continuemos por este caminho que é o de Cristo, o dos Santos.

Para todos, também para a nossa sociedade que dá sinais de cansaço, se nós quisermos nos salvar do naufrágio, é necessário seguir o caminho da pobreza, que não é a miséria — esta deve ser combatida —, mas é saber partilhar, ser mais solidários com quem está em necessidade, confiar em Deus e menos nas nossas forças humanas. D. Sorrentino recordou a obra de solidariedade do bispo Nicolini, que ajudou centenas de judeus escondendo-os nos conventos, e o centro de destino secreto era precisamente aqui, no paço episcopal. Também isso é despojar-se, algo que parte sempre do amor, da misericórdia de Deus!

Neste lugar que nos interpela, gostaria de rezar para que cada cristão, a Igreja, cada homem e mulher de boa vontade saibam despojar-se do que não é essencial para ir ao encontro de quem é pobre e pede para ser amado.

Obrigado a todos!

DISCURSO DO SANTO PAPA FRANCISCO[1]

Viagem apostólica ao Egito
Encontro de oração com o Clero, Religiosos e Seminaristas
Cairo – Seminário Patriarcal em Maadi
Sábado, 29 de abril de 2017

Beatitudes,
Queridos irmãos e irmãs,
Al Salamò Alaikum (a paz esteja convosco)!
"Este é o dia que o Senhor fez, alegremo-nos nele! Cristo venceu a morte para sempre, alegremo-nos nele!"

Sinto-me feliz por me encontrar entre vós neste lugar, onde se formam os sacerdotes e que representa o coração da Igreja Católica no Egito. Sinto-me feliz por saudar em vós — sacerdotes, consagrados e consagradas do pequeno rebanho católico no Egito — o "fermento" que Deus prepara para essa terra abençoada, para que, juntamente com os nossos irmãos ortodoxos, cresça nela o seu Reino (cf. Mt 13,33).

Desejo, antes de mais nada, agradecer o vosso testemunho e todo o bem que fazeis cada dia, trabalhando no meio de muitos desafios e, frequentemente, poucas consolações. Desejo também encorajar-vos. Não tenhais medo do peso do dia a dia, do peso das circunstâncias difíceis que alguns de vós têm de atravessar. Nós veneramos a Santa Cruz, instrumento e sinal da nossa salvação. Quem escapa da cruz escapa da Ressurreição. "Não temais, pequenino rebanho, porque aprouve ao vosso Pai dar-vos o Reino" (Lc 12,32).

Trata-se, pois, de crer, testemunhar a verdade, semear e cultivar sem esperar pela colheita. Na realidade, nós recolhemos os frutos de muitos outros, consagrados e não consagrados, que generosamente trabalharam na vinha do Senhor: a vossa história está cheia deles!

---

1. Disponível em: <https://www.vatican.va/content/francesco/pt/speeches/2017/april/documents/papa-francesco_20170429_egitto-clero.html>. (N. da R.)

No meio de muitos motivos de desânimo e por entre tantos profetas de destruição e condenação, no meio de numerosas vozes negativas e desesperadas, sede uma força positiva, sede luz e sal desta sociedade; sede a locomotiva que faz o comboio avançar para a meta; sede semeadores de esperança, construtores de pontes, obreiros de diálogo e de concórdia.

Isso é possível se a pessoa consagrada não ceder às tentações que todos os dias encontra no seu caminho. Gostaria de evidenciar algumas dentre as mais significativas. Já as conheceis, porque essas tentações foram bem descritas pelos primeiros monges do Egito.

1. *A tentação de deixar-se arrastar e não guiar.* O bom pastor tem o dever de guiar o rebanho (cf. Jo 10,3-4), de o conduzir a pastagens verdejantes e à nascente das águas (cf. Sl 22 (23),2). Não pode deixar-se arrastar pelo desânimo e o pessimismo: "Que posso fazer?". Aparece sempre cheio de iniciativas e de criatividade, como uma fonte que jorra mesmo quando vem a seca; sempre oferece a carícia da consolação, mesmo quando o seu coração está alquebrado; é um pai quando os filhos o tratam com gratidão, mas sobretudo quando não lhe são agradecidos (cf. Lc 15,11-32). A nossa fidelidade ao Senhor nunca deve depender da gratidão humana: "teu Pai, que vê o oculto, há de recompensar-te" (Mt 6,4.6.18).

2. *A tentação de lamentar-se continuamente.* Sempre é fácil acusar os outros: as faltas dos superiores, as condições eclesiais ou sociais, as escassas possibilidades… Mas a pessoa consagrada é alguém que, pela unção do Espírito Santo, transforma cada obstáculo em oportunidade, e não cada dificuldade em desculpa! Na realidade, quem se lamenta sempre é uma pessoa que não quer trabalhar. Por isso o Senhor, dirigindo-Se aos pastores, disse: "Levantai as vossas mãos fatigadas e os vossos joelhos enfraquecidos" (Hb 12,12; cf. Is 35,3).

3. *A tentação da crítica e da inveja.* E esta é feia! O perigo é sério quando a pessoa consagrada, em vez de ajudar os pequenos a crescer e a alegrar-se com os sucessos dos irmãos e irmãs, se deixa dominar pela inveja, tornando-se uma pessoa que fere os outros com a crítica. Quando, em vez de se esforçar por crescer, começa a destruir aqueles que estão crescendo; em vez de seguir os bons exemplos, julga-os e diminui o seu valor. A inveja é um câncer que arruína qualquer corpo em pouco tempo: "Se um reino se dividir contra si mesmo, tal reino não pode perdurar; e se uma família se dividir contra si mesma, essa família não pode subsistir" (Mc 3,24-25). Com efeito — não vos esqueçais —, "por inveja do diabo é que a morte entrou no mundo" (Sb 2,24). E a crítica é o seu instrumento e a sua arma.

4. *A tentação de se comparar com os outros*. A riqueza reside na diferença e na unicidade de cada um de nós. Comparar-nos com aqueles que estão melhor leva-nos frequentemente a cair no rancor; comparar-nos com aqueles que estão pior leva-nos muitas vezes a cair na soberba e na preguiça. Quem tende sempre a comparar-se com os outros acaba por se paralisar. Aprendamos de São Pedro e São Paulo a viver a diferença dos caráteres, dos carismas e das opiniões, na escuta e na docilidade do Espírito Santo.

5. *A tentação do "faraonismo"* (estamos no Egito!), isso é, de endurecer o coração e fechá-lo ao Senhor e aos irmãos. É a tentação de se sentir acima dos outros e, consequentemente, de os submeter a si por vanglória; de ter a presunção de ser servido em vez de servir. É uma tentação comum, desde o início, entre os discípulos, os quais — diz o Evangelho —, "no caminho, tinham discutido uns com os outros sobre qual deles era o maior" (Mc 9,34). O antídoto para este veneno é o seguinte: "Se alguém quiser ser o primeiro, há de ser o último de todos e o servo de todos" (Mc 9,35).

6. *A tentação do individualismo*. Como diz o conhecido provérbio egípcio: "Eu e, depois de mim, o dilúvio". É a tentação dos egoístas que, ao caminhar, perdem a noção do objetivo e, em vez de pensar nos outros, pensam em si mesmos, sem sentir qualquer vergonha; antes, justificando-se. A Igreja é a comunidade dos fiéis, o corpo de Cristo, onde a salvação de um membro está ligada à santidade de todos (cf. 1Cor 12,12-27; *Lumen Gentium*, 7). Ao contrário, o individualista é motivo de escândalo e conflitualidade.

7. *A tentação de caminhar sem bússola nem objetivo*. A pessoa consagrada perde a sua identidade e começa a "não ser carne nem peixe". Vive com o coração dividido entre Deus e a mundanidade. Esquece o seu primeiro amor (Ap 2,4). Na realidade, sem uma identidade clara e sólida, a pessoa consagrada caminha sem direção e, em vez de guiar os outros, dispersa-os. A vossa identidade como filhos da Igreja é ser coptas — isto é, radicados nas vossas raízes nobres e antigas — e ser católicos — isto é, parte da Igreja una e universal: como uma árvore que, quanto mais enraizada está na terra, tanto mais alta se eleva no céu.

Queridos consagrados, não é fácil resistir a estas tentações, mas é possível se estivermos enxertados em Jesus: "Permanecei em Mim, que Eu permaneço em vós. Tal como o ramo não pode dar fruto por si mesmo, mas só permanecendo na videira, assim também acontecerá convosco, se não permanecerdes em Mim" (Jo 15,4). Quanto mais enraizados estivermos em Cristo, tanto mais vivos e fecundos seremos. Só assim pode a pessoa consagrada conservar a capacidade de maravilhar-se, a paixão do primeiro encontro, o fascínio e a gratidão na sua vida com Deus e na sua missão. Da qualidade da nossa vida espiritual depende a da nossa consagração.

O Egito contribuiu para enriquecer a Igreja com o tesouro inestimável da vida monástica. Exorto-vos, pois, a beber do exemplo de São Paulo, o Eremita, de Santo Antão, dos Santos Padres do deserto, dos numerosos monges que abriram, com a sua vida e o seu exemplo, as portas do céu a muitos irmãos e irmãs; e assim também vós podereis ser luz e sal, isto é, motivo de salvação para vós próprios e para todos os outros, crentes e não crentes, e de modo especial para os últimos, os necessitados, os abandonados e os descartados.

A Sagrada Família vos proteja e abençoe a todos vós, ao vosso país com todos os seus habitantes. Do fundo do meu coração, desejo tudo de melhor a cada um de vós e, por vosso intermédio, saúdo os fiéis que Deus confiou aos vossos cuidados. O Senhor vos conceda os frutos do seu Santo Espírito: "amor, alegria, paz, paciência, benignidade, bondade, fidelidade, mansidão, autodomínio" (Gl 5,22).

Sempre vos terei presente no meu coração e na minha oração. Coragem e avante, com o Espírito Santo! "Este é o dia que o Senhor fez, alegremo-nos nele!". E, por favor, não vos esqueçais de rezar por mim.

SEGUIR JESUS E NÃO SEGUIR JESUS

O consagrado seduzido por Jesus quer segui-lo mais de perto através da vivência dos conselhos evangélicos, que não são um peso, mas uma escolha de amor. Desde o início da pregação de Jesus, se olharmos com olhos de amor, podemos ver que a pregação do Messias suscita um entusiasmo especial, e que muitos o seguem. Mas Jesus chama a segui-lo aqueles que ele quer. É o mestre que escolhe os seus discípulos e os convida com uma palavra seca, sem florear a escolha: "vem e segue-me!" e "aquele que quer vir depois de mim, tome a sua cruz e me siga!". São palavras que não têm nada de protagonismo e nada de vida fácil.

O discípulo jamais pode ser maior que o mestre, o fim do mestre é a cruz e toda sua vida foi um serviço feito de doação e de alegria. Não de penitência, como temos entendido por muitos séculos, uma "renúncia" que esvazia o coração da alegria e que quase nos obriga a assumir atitudes tristonhas, com rosto da Sexta-feira Santa. Mas faz dos consagrados e consagradas pessoas "heroicas", que se decidem a seguir Jesus e o fazem porque tomam consciência antes de tudo da sua fragilidade e debilidade. Sabem que sem a ajuda de Deus podem até chegar a ser grandes penitentes, mas que permaneceriam sem o amor. A santidade não é uma escola de ginástica, mas uma escola de amor.

A alegria de seguir Jesus se descobre lentamente e a vocação deve ser sempre reavivada através do fogo do Espírito Santo, que nunca deixa de soprar onde ele quer e como ele quer. Vivemos num momento histórico particular da vida religiosa, em que nós necessitamos tomar o caminho do deserto como Elias, como Moisés, como os profetas, como Paulo e mesmo como Jesus, para experimentarmos o vazio das coisas e experimentar de novo o fascínio da purificação, da aridez do deserto e das suas noites cheias de estrelas. É a HORA de redescobrir e renovar a nossa aliança de amor com Deus, que quer desposar-nos no amor, aliança a qual não conhece inverno porque se renova sempre no fogo do amor eterno.

Amar as coisas, a liturgia, os cantos ou as penitências é uma péssima IDOLATRIA, que rapidamente se apaga e que deixa no coração um enorme vazio, uma amargura e uma solidão que nada pode preencher. A falta de uma pessoa para amar na vida de cada dia empobrece a nossa afetividade e nos torna estéreis, frios, metódicos, distantes nos nossos relacionamentos.

Mesmo na MISSÃO, se falta o amor de Jesus, que é a manifestação divina e humana dele, corre o risco de rapidamente transformar os consagrados e as consagradas em "administradores" de escolas, de paróquias, de centros sociais e nada mais. Sem dúvida é boa coisa sermos operadores sociais, administradores de ajuda humana que levam à solidariedade e a escolher os pobres como destinatários do nosso trabalho, mas será que isso é suficiente? Será que nisso se realiza a pessoa humana, espiritual, de quem decidiu seguir a Jesus?

"Seguir Jesus mais de perto". Que quer dizer de verdade essa expressão tão rica e tão bonita? Se não se compreende em toda a sua essência, arrisca-se torná-la um "chavão", que diz tudo e nada. Seguir é assumir a vontade de quem se segue, entregar-se totalmente, ir onde ele for, fazer o que ele nos pede. Quer dizer "fundir" a nossa vontade com a de Jesus, ser um com ele. Seria difícil seguir Jesus se nós não tivéssemos os evangelhos, porque seria como "inventar" um estilo de vida, correndo o perigo de nos afastar sempre mais do estilo que Jesus, estando no meio de nós, viveu como Filho de Deus feito carne, que experimentou conosco toda a nossa realidade humana, menos o pecado, a nossa fragilidade contaminada pelo pecado.

Devemos agradecer ao Espírito Santo, que suscitou no coração dos quatros evangelistas, Mateus, Marcos, Lucas e João, a necessidade de transcrever para nós os gestos e as palavras do Verbo eterno feito carne no seio da Virgem Maria, por obra do Espírito Santo. Os evangelhos são a fonte incontaminada de onde corre a água viva e cristalina da vida de Cristo Senhor. Os evangelistas, com sabedoria não totalmente humana, mas com aquela sabedoria que desce do alto, não se preocuparam em fazer uma cronologia dos fatos, mas souberam narrar a vida, a história, a psicologia e a missão de Jesus, e relatar para a nossa evangelização os fatos e palavras que fazem parte do patrimônio da nossa fé, sendo que cabe a nós a responsabilidade de preservar essa memória histórica. Não de inventar, mas de revestir de carne com a nossa vida agora e no contexto social e geográfico onde nos encontramos.

Não há um livro mais belo, mais compreensivo, mais fascinante que os evangelhos. Santa Teresa do Menino Jesus, na sua surpreendente simplicidade e intuição, diz:

> Aos 17 e 18 anos não tinha outro alimento espiritual, depois, todos os livros deixaram-me na aridez. Ainda estou nesse estado. Quando abro um livro composto por um autor espiritual (até o mais belo, o mais emocionante), sinto logo meu coração oprimir-se e leio-o sem, por assim dizer, compreender ou, se compreendo, meu espírito estaca sem poder meditar... Nesses momentos, a Sagrada Escritura e a Imitação vêm socorrer-me; nelas encontro um alimento sólido e totalmente *puro*. Mas é sobretudo o *Evangelho* que me sustenta nas minhas orações; nele encontro tudo o que é necessário para minha pobre alminha. Sempre descubro novas luzes, sentidos ocultos e misteriosos...
> Compreendo e sei por experiência "Que o reino de Deus está dentro de nós". Jesus não precisa de livros nem de doutores para instruir as almas. Ele, o Doutor dos doutores, ensina sem ruído de palavras... Nunca o ouvi falar, mas, a cada momento, sinto que está em mim, guia-me, inspira o que devo dizer ou fazer. Bem no momento em que preciso, descubro luzes que nunca tinha visto antes; na maioria das vezes, não é durante as minhas orações que elas são mais abundantes, é ainda no meio das ocupações diárias... (*MA*, pp. 158-159[1])

Houve um tempo em que lia com fome insaciável todas as biografias que encontrava de Jesus, biografias velhas e novas, escritos originais nas línguas que eu conheço ou traduções, e confesso que nunca me encontrei satisfeito. Aliás, depois da leitura tinha muitas ideias humanas de Cristo e poucas ideias divinas, muito conhecimento e pouca fé. Não era aquele Jesus que eu buscava e que os livros não conseguiam me dar. Quando resolvi ler o capítulo 22 dos Atos dos Apóstolos aí encontrei a resposta. Eu não devia buscar o Jesus dos livros, mas o Jesus da vida, o Filho de Deus.

Hoje convido você a fazer uma leitura meditativa deste capítulo e a fazer a experiência de que a descoberta de Jesus depende do seu amor, da sinceridade com que buscamos a verdade.

> "Irmãos e pais, escutai a minha defesa, que agora vos apresento". Vendo que Paulo lhes falava na língua deles, fizeram mais silêncio ainda. E Paulo continuou: "Eu sou judeu, nascido em Tarso da Cilícia, mas criado aqui nesta cidade. Como discípulo de Gamaliel, fui instruído em todo o rigor da Lei de nossos

---

1. Trechos retirados do manuscrito A, in: *Obras Completas de Santa Teresinha do Menino Jesus*. São Paulo: Loyola, ⁴2022, pp. 158-159. (N. da R.)

antepassados e tornei-me zeloso da causa de Deus, como vós o sois hoje. Persegui até à morte os adeptos deste Caminho, prendendo homens e mulheres e lançando-os na prisão. Disso são minhas testemunhas o sumo sacerdote e todo o conselho dos anciãos. Eles deram-me cartas de recomendação para os irmãos de Damasco.

Fui para lá, a fim de prender todos os adeptos que aí se encontrassem e trazê-los para Jerusalém, a fim de serem castigados. Ora, aconteceu que, na viagem, estando já perto de Damasco, pelo meio dia, de repente uma grande luz que vinha do céu brilhou ao redor de mim. Caí por terra e ouvi uma voz que me dizia: 'Saul, Saul, por que me persegues?' Eu perguntei: 'Quem és tu, Senhor?' Ele me respondeu: 'Eu sou Jesus, o Nazareno, a quem tu estás perseguindo'. Meus companheiros viram a luz, mas não ouviram a voz que me falava.

Então perguntei: 'Que devo fazer, Senhor?' O Senhor me respondeu: 'Levanta-te e vai para Damasco. Ali te explicarão tudo o que deves fazer'. Como eu não podia enxergar, por causa do brilho daquela luz, cheguei a Damasco guiado pela mão dos meus companheiros. Certo homem chamado Ananias, piedoso e fiel à Lei, com boa reputação junto de todos os judeus que ali moravam, veio encontrar-me e disse: 'Saul, meu irmão, recobra a vista!' No mesmo instante, recobrei a vista e pude vê-lo. Ele, então, me disse: 'O Deus de nossos pais escolheu-te para conheceres a sua vontade, veres o Justo e ouvires a sua própria voz. Porque tu serás, diante de todos os povos, a sua testemunha a respeito daquilo que viste e ouviste. E agora, o que estás esperando? Levanta-te, recebe o batismo e purifica-te dos teus pecados, invocando o seu nome!' Depois, voltei a Jerusalém e, quando estava orando no templo, entrei em êxtase. Vi o Senhor que me dizia: 'Depressa, sai logo de Jerusalém, porque não aceitarão o testemunho que dás a meu respeito'. Então respondi: 'Mas Senhor, eles sabem que era eu que, nas sinagogas, andava prendendo e açoitando os que acreditavam em ti. Eu mesmo estava lá quando o sangue de Estêvão, a tua testemunha, foi derramado. Eu aprovei aqueles que o matavam, guardando as roupas deles'. Então o Senhor me disse: 'Vai! É para longe, para os pagãos que vou te enviar'".

Os judeus escutaram Paulo até este ponto, mas então começaram a gritar: "Tira da terra esse indivíduo! Ele não deve ficar vivo!". E xingavam, rasgavam os mantos, e lançavam poeira para o alto. Então o comandante mandou recolher Paulo na fortaleza, ordenando que o interrogassem, sob açoites, para saber o motivo por que gritavam tanto contra ele. Enquanto o estavam amarrando com correias, Paulo disse ao centurião aí presente: "É permitido a vós açoitar um cidadão romano sem ter sido julgado?" Ao ouvir isso, o centurião foi prevenir o comandante: "Que vais fazer? Esse homem é cidadão romano!" O comandante foi até Paulo e lhe perguntou: "Dize-me, tu és cidadão romano?" Paulo respondeu: "Sim, eu sou". O comandante disse: "Eu precisei de muito dinheiro para adquirir esta cidadania!" — "Pois eu a tenho de nascença!", replicou Paulo. Os que estavam aí para interrogá-lo sob tortura imediatamente se afastaram. Até o comandante ficou com medo, ao saber que Paulo era cidadão romano e que mesmo assim o havia acorrentado.

No dia seguinte, querendo saber com certeza por que Paulo estava sendo acusado pelos judeus, o comandante soltou-o e mandou reunir os sumos sacerdotes e todo o Sinédrio. Depois fez trazer Paulo e colocou-o diante deles (At 22,1-30).

Qual é o Jesus que os consagrados, homens e mulheres, devem seguir mais de perto? É Jesus de Nazaré, o Jesus dos evangelhos, e não o Jesus retocado da teologia, com um rosto que não é belo e transparente como o do evangelho.

Jesus é belo, fascinante, presente em todos os rostos humanos; ferido nos mais pobres, sangrando nas dignidades pisoteadas, feliz no sorriso das crianças e na generosa imolação de milhões de pessoas, que vivem no cotidiano as bem-aventuranças.

Sem celebrar cotidianamente a memória viva do Cristo na Eucaristia, sem fazer a experiência própria do perdão dos nossos pecados, mergulhando e sendo purificados no sangue de Cristo, não podemos perdoar-nos mutuamente. Sem alimentar-nos do pão da palavra de Deus e caminhar juntos no caminho de Emaús não descobriremos o verdadeiro Jesus de Nazaré. Santa Edith Stein dizia: "não será a fenomenologia a salvar-nos, mas sim a paixão de Cristo Jesus".

Um amor esponsal

Quando tenho falado nos retiros e nos encontros de consagrados e consagradas sobre o "amor esponsal", não faltam olhares esboçados e cheios de incredulidade. No entanto essa simbologia não é uma invenção dos místicos carentes de amor ou — como dizem alguns psicanalistas ou psicólogos, não só de orientação freudiana — uma manifestação de uma sexualidade reprimida.

O amor esponsal nasce na Bíblia, e graças a Deus temos nela o Cântico dos Cânticos, o livro que não suja nem as mãos nem o coração. Custei muito para descobrir a beleza desse livro. Recordo sorrindo da minha ignorância quando entrei no Carmelo, em 10 de outubro de 1963. Um dia fui pedir ao meu mestre dos postulantes, Frei Nicolò, uma bíblia para ler e ele com espanto me perguntou: "para que você quer ler a bíblia?" E respondi candidamente: "nunca li e queria saber o que diz". E ele, pegando a Bíblia em Latim, me deu com essa recomendação: "cuidado, não leia nem o Levítico nem o Cântico dos Cânticos". Prometi, mas nem sabia o que era. Gastei vários dias, sozinho ou com a ajuda de um colega meu, para encontrar esses livros. O Levítico me cansou imediatamente e o Cântico me encantou a ponto que me segue até hoje e vou a ele para recordar os momentos de intimidade com Jesus. Mas o que mais me ajudou foi a descoberta dos místicos do Carmelo. TODOS falam do matrimônio espiritual, do amor esponsal que enche o coração e alma do fogo do amor. O Cântico são cerca de 4 mil palavras que, como centelhas de fogo, inflamam a nossa alma e nos dão um sentido vital à nossa existência, uma paternidade e maternidade.

Eis alguns textos:

> Isto é, com teu ardor, ternamente me tocas. Sendo uma chama de vida divina, fere a alma com ternura de vida em Deus; e tão intensa e entranhavelmente a fere e a enternece, que chega a derretê-la em amor; para que se realize nessa alma o mesmo que sucedeu à Esposa nos Cantares quando se enterneceu tanto, a ponto de derreter-se, conforme diz ali: "A minha alma se derreteu assim que o Amado falou" (Ct 5,6). Tal é o efeito produzido na alma pelo falar de Deus. Como é possível, no entanto, dizer que a fere, se na alma não há mais o que ferir, estando ela já toda cauterizada pelo fogo do amor? É coisa maravilhosa ver como o amor nunca está ocioso, mas em contínuo movimento, e, como a chama, está sempre levantando labaredas aqui e ali; e sendo o ofício do amor ferir para enamorar e deleitar, como nessa alma ele se acha em viva chama, está sempre lhe causando suas feridas, quais labaredas terníssimas de delicado amor. Exercita na alma as artes e os jogos do amor, mui jucunda e festivamente, como no palácio de suas núpcias, à maneira de Assuero com sua esposa Ester, mostrando então suas graças, descobrindo-lhe suas riquezas e a glória de sua grandeza. Assim faz, para que se cumpra nessa alma a palavra dele expressa nos Provérbios: "Cada dia me deleitava, brincando todo o tempo diante dele, brincando na redondeza da terra, e achando as minhas delícias em estar com os filhos dos homens" (Pr 8,30-31), isto é, em dar-me a eles. Estas feridas, pois, que constituem seus jogos, são labaredas de ternos toques dados na alma, por instantes, provenientes do fogo do amor que nunca está ocioso; esses toques, diz, acontecem e ferem de minha alma no mais profundo centro.
> (São João da Cruz, Ch. 1, 7-8)

Somos ou não esposas de rei tão importante? Se o somos, que mulher honrada haverá que não participe, mesmo que por sua vontade não o queira, das desonras praticadas contra o seu Esposo? Mas, seja como for, da honra ou da desonra participam um e outro. Pois é disparate partilhar do Seu reino e dele gozar sem querer participar das desonras e sofrimentos.

Que Deus não nos permita querer isso. Pelo contrário, aquela que tiver a impressão de ser a menos considerada deve ter-se como a mais feliz. E assim é, se o soubermos encarar como devemos, pois não lhe faltará honra nesta nem na outra vida. Acreditai em mim. Mas que disparate o meu, ao pedir que acrediteis em mim, se é a verdadeira sabedoria que o diz.

Filhas minhas, imitemos um pouco a grande humildade da Virgem Santíssima, cujo hábito trazemos, pois é muito impróprio nos chamarmos monjas suas, já que, por mais que tenhamos a impressão de nos humilhar, bem longe estamos de ser filhas de tal Mãe e esposa de tal Esposo.

[...]
Da cruz é que diz a Esposa
A seu Querido,
Que é a palmeira preciosa
Aonde há subido;
Cujo fruto lhe há sabido
Ao seu Jesus.
E ao Céu é a única senda
Que conduz.

A santa Cruz é oliveira
Mui preciosa,
Seu óleo nos unge e inunda
De luz radiosa;
Ó minh'alma, pressurosa,
Abraça a cruz:
Pois ao Céu é a única senda
Que conduz.

É o madeiro verdejante
E desejado
Da Esposa, que à sua sombra
Se há sentado,
A gozar de seu Amado,
O Rei Jesus.
Pois ao Céu é a única senda
Que conduz.
(Santa Teresa de Jesus, *CP*, cap. 13, §§ 2-3; P XIX[2])

Esse belo dia, à semelhança dos mais tristes, passou, já que os mais radiantes também têm um dia seguinte. Mas foi sem tristeza que depositei minha coroa aos pés de Nossa Senhora, sentia que o tempo não levaria embora a minha felicidade... Que festa bonita foi a da Natividade de Maria para vir a ser a esposa de Jesus! Era a pequena Santíssima Virgem que apresentava sua pequena flor ao menino Jesus... Naquele dia, tudo era pequeno, fora as graças e a paz que

---

2. Trechos dos escritos Caminho de perfeição e Poesias, in: *Obras Completas de Teresa de Jesus*. São Paulo: Loyola, 1995, pp. 337.999-1001. (N. da R.)

recebi, fora a alegria tranquila que senti de noite ao olhar as estrelas brilharem no firmamento, pensando que em breve o belo céu iria se abrir para meus olhos maravilhados e poderia unir-me a meu Esposo no seio de uma alegria eterna...

Ser tua esposa, ó Jesus; ser carmelita; ser, pela minha união contigo, a mãe das almas, deveria ser-me bastar-me... mas não é... Sem dúvida, esses três privilégios são de fato minha vocação: carmelita, esposa e mãe. Todavia, sinto em mim outras vocações, a de Guerreiro, a de Sacerdote, a de Apóstolo, a de Doutor, a de Mártir, enfim, sinto a necessidade, o desejo de realizar, para Ti, Jesus, todas as obras mais heroicas ... Sinto na minha alma a coragem de um cruzado, de um zuavo pontifício. Queria morrer num campo de batalha pela defesa da Igreja... (Santa Teresinha, *MA*, p. 151; *MB*, p. 188[3])

[Ser esposa de Cristo!]

Ser esposa de Cristo!
Não é somente expressão do mais doce dos sonhos: é uma divina realidade; a expressão de todo um mistério de similitude e de união; é o nome que, na manhã de nossa consagração, a Igreja pronuncia sobre nós: Veni sponsa Christi!... É preciso viver sua vida de esposa! "Esposa", tudo o que esse nome faz pressentir de amor dado e recebido, de intimidade, de fidelidade, de dedicação absoluta!...
Ser esposa é ter-se entregado como Ele se entregou; é ser imolado como Ele, por Ele, para Ele...É o Cristo fazendo-se todo nosso e nos tornando "toda sua"!...
Ser esposa é ter todos os direitos sobre o seu Coração... É um coração a coração por toda a vida... É viver com... sempre com... É repousar de tudo n'Ele e permitir-lhe repousar de tudo em nossa alma!...
É não saber outra coisa senão amar; amar adorando, amar reparando, amar rezando, pedindo, esquecendo-se de si; amar sempre, sob todas as formas!
"Ser Esposa" é ter os olhos nos seus, o pensamento obcecado por Ele, o coração tomado, totalmente invadido, como fora de si e absorvida n'Ele, a alma plena de sua alma, cheia de sua oração, todo o ser cativado e doado...
É, fixando-o sempre com o olhar, surpreender o menor sinal e o menor desejo; é entrar em todas as suas alegrias, partilhar todas as suas tristezas. É ser fecunda, corredentora, gerar as almas para a graça, multiplicar os filhos adotivos do Pai, os resgatados de Cristo, os coerdeiros de sua glória.
"Ser esposa", esposa do Carmelo, é ter o coração ardente de Elias, o coração transpassado de Teresa, sua "verdadeira esposa", porque tem zelo por sua honra.
Enfim, ser tomada por esposa, esposa mística, é ter arrebatado o seu Coração, a ponto de, esquecendo toda a distância, o Verbo se derramar na alma como no seio

---

3. Trechos retirados dos manuscritos A e B, in: *Obras Completas de Santa Teresinha do Menino Jesus*. São Paulo: Loyola, [4]2022, pp. 151.188. (N. da R.)

do Pai, com o mesmo êxtase de infinito amor! É o Pai, o Verbo e o Espírito Santo invadindo a alma, deificando-a, consumando-a em Um por amor. É o matrimônio, o estado fixo, porque é a união indissolúvel das vontades e dos corações. E Deus disse: Façamos-lhe uma companheira semelhante a Ele, eles serão dois em um... (Santa Elisabeth da Trindade, *NI* 13[4])

Não seguir Jesus

Eis o grande problema da vida cristã e especialmente da vida consagrada. NÃO SEGUIR JESUS... Ver a vida consagrada como um serviço não a uma Pessoa, mas sim a estruturas, normas e regras, pensando que seguindo-as fielmente tudo está resolvido. As regras não resolvem nada se não são fruto de amor vivo, sincero a Alguém. Não se pode doar a vida a muros, paredes e grades. Não me sinto bem em refletir sobre a vida consagrada como "renúncia", prefiro falar de oferenda, de dom. Parece-me que esse olhar positivo nos abre caminhos novos. Devo reconhecer que a Igreja — quer o magistério do Papa, quer os últimos documentos sobre a vida consagrada —, como "Vinho novo em odres novos", tem um horizonte de uma grande abertura; mas ao mesmo tempo preciso reconhecer que a mesma Igreja de um lado impulsiona as aberturas, porém quando se trata de novas experiências se fecha imediatamente e repete as mesmas coisas. Precisamos dar espaço a quem quer voar, seguir Jesus em novos caminhos de liberdade e de criatividade.

Ao não seguir Jesus, que caminha ao ritmo do mundo contemporâneo e das redes sociais, não será permitido jamais que se tenha uma nova vida consagrada. Devemos nos abrir a romper esquemas e criar novidade, como fizeram os grandes Padres da vida consagrada em todos os séculos. Quem abre caminho é julgado, marginalizado e vive dimensões novas que só com o passar dos tempos serão compreendidas. Não se ama Jesus nem o seguimos se ficamos acorrentados a formas que não dizem mais nada ao coração de quem busca sua pessoa, em vez de normas que sufocam a voz do Espírito. Na vida religiosa devemos ter "o mínimo de estruturas e o máximo de carisma".

Há uma volta a normas pesadas que não permitem espaço à criatividade do Espírito, à comunhão, a uma liberdade de relacionamentos que abrem novos caminhos a expressões mais encarnadas. Uma boa porcentagem de Congregações Religiosas é europeia e está morrendo, está em terapia intensiva e não quer desligar

---

4. Cf. Nota íntima 13, in: *Obras Completas de Elisabeth da Trindade*. São Paulo: Loyola, 2022, pp. 614-615. (N. da R.)

os aparelhos de oxigênio. Uma esperança vã e inútil. É triste ver de vez em quando notícias de monjas, de freiras que, com pertinácia, se obstinam a não fechar as portas... e criam conflitos na mesma Igreja. Isso não é seguir Jesus.

Não aceitar a morte em circunstância de inútil sobrevivência não é seguir Jesus.

Se fechar como caramujo no próprio castelo do individualismo: isso não é seguir Jesus.

Continuar a insistir sobre normas obsoletas e incompreensíveis para o mundo de hoje: isso não é seguir Jesus.

Ter medo dos meios de comunicação e vê-los como diabólicos: isso não é seguir Jesus.

Fazer da obediência a anulação da liberdade: isso não é seguir Jesus.

Criticar a Igreja no seu caminho de liberdade e novos horizontes: isso não é seguir Jesus.

Fechar-se no intimismo espiritual e querer resolver tudo com a oração: isso não é seguir Jesus.

Comunidades que não se entendem e se destroem reciprocamente, isso não é seguir Jesus.

Não amar o próximo mais próximo, que são as pessoas frágeis da nossa comunidade, não é seguir Jesus.

Recusar a cruz não é seguir Jesus.

Viver no comodismo não é seguir Jesus.

A cada um que vai ler esse livro fica a tarefa de fazer o seu exame de consciência e verificar a si mesmo e também aos outros se seguimos ou não seguimos a Jesus.

Qual será a resposta à luz do evangelho?

Edições Loyola

editoração impressão acabamento
Rua 1822 n° 341 – Ipiranga
04216-000 São Paulo, SP
T 55 11 3385 8500/8501, 2063 4275
www.loyola.com.br